名リーダーは「脳」で勝つ

JN272535

林 成之

第三文明社

名リーダーは「脳」で勝つ　目次

序章　人間の脳が求める真のリーダー像

第1章　脳の仕組みから見たリーダーの基本条件

第2章 強い組織を作るリーダーの心構え

第3章 勝敗よりも「勝ち方」にこだわれ
～勝つための組織作り

第4章

ケネディの脳が求めた、モチベーションの同期発火

第5章 歴史と世界に学ぶリーダーのあり方

装幀／堀井美恵子（HAL）
本文レイアウト／安藤　聡

序章

人間の脳が求める真のリーダー像

真のリーダー待望

一つの目的を持った組織において、リーダーが果たす役割は非常に大きいものです。ゆえに、これまでも多くの書の中で、さまざまなリーダー像が語られてきました。

しかし、時代の変化とともに、また社会組織が大きく複雑になるにつれて、求められるリーダー像も変わり、従来のリーダー論では立ち行かなくなる事例が多くなりつつあります。

とりわけ日本においては、優れたリーダーの不在をどのように克服するかが、国レベルから小さな企業に至るまで、あらゆる分野において大切な課題となっています。

リーダー像の歴史的変遷

それでは、これまで優れたリーダーと言われてきた指導者には、どのような特徴があったのでしょうか。

その特徴を歴史的な変遷《へんせん》から見てみますと、まだミサイルが飛び交っていない昔から人々がリーダーに求めた能力とは、まず第一に、その共同体を存続させる能力でした。つまり、戦争に勝利し共同体を運営する能力が、リーダーには求められたのです。

次に、時代が進み、より民主的な社会が出現すると、前述の基本的な能力に加え、社会構造の複雑化に対応するため、自分や組織の弱点を明確にし、複雑にからまる諸問題に的確に対処するオールラウンドのリーダー、つまり「大人物論」(Great Man theory) が言い出されるようになったのです。

そして、現代——。

核戦争によって人類が消滅する可能性が生じる時代においては、人々はその人物がいるだけで、みなが力を発揮できるような強烈な魅力を持ったリーダーを求めるようになります。それはたとえば、アメリカ合衆国第三十五代大統領ジョン・F・ケネディのような、カリスマ性に満ちた指導者です。

ジョン・F・ケネディの残した足跡は、世界のリーダーの中においても際立ってドラマチックです。彼は、アメリカの発展と世界の平和に大きく貢献した人物と言えるでしょう。

ケネディの例に見るように、リーダーは、たんに頭の良さや人間性、また才能に恵まれているというだけでは、必ずしも人々の支持を受けることはできません。リーダーには、つねに目まぐるしく変化する時代の潮流を的確にとらえ、人々が何を求めているのかを察し、未来を展望する能力が求められるのです。

交通や情報システムの進化、あるいは、技術の飛躍的発展によって、社会は大きく変わりました。それにともない、我々の生活や考えは、より自由で多様になりましたが、それでもなお、「人は幸せを願いながら、争いさえ止めることができないでいる」という事実は、私たちに閉塞感《へいそく》をもたらしています。

さらに、二〇一一年三月に日本が味わった「東日本大震災」という未曾有《みぞう》の大災害に、どのように対処するのか、人口のアンバランスや気象の変化から生じる食糧危機に、どのように対応するのか、また、才能ある人材をどう育てるのか、多様な価値観を持つ人々をいかに共存させてゆくのか……など、解決の道筋が見えない問題が山積している今、たんに国家レベルの話にとどまらず、企業レベルでも、それらの問題の解決がリーダーたちに求められているのではないでしょうか。

人間の脳が求めている真のリーダー

それでは、いったいどのようにこれらの難題を解決してゆけばよいのでしょうか。そのためには、どうしてこのような難問が発生するのか、その仕組みを理解していることがこれからのリーダーには求められるように思います。

この諸問題の根本は、人間の考えや気持ち、心の基盤となっている「本能」に密接に関係しているのです。したがって、課題の克服のためには、人間の思考・感情を支配する「本能」、すなわち脳機能の原理を理解する必要があります。

脳の働きは、脳細胞一個一個が周りの細胞から情報を集め、相互に密接に関わり合うという特徴を持っています。そしてそれは、「生きたい」「知りたい」「仲間になりたい」という神経細胞由来の三つの本能を生みだしているのです。

このため、人間が創り出した組織、制度、規則など、ありとあらゆる社会システムは、これら神経細胞由来の三つの本能を基盤とする脳機能から生まれています。「仲間になりたい・生きたい」という本能から「社会」が、「仲間になりたい・知りたい」という本能からは「文化」が、そして「生きたい・知りたい」という本能からは「科学」が生まれた、という具合にです。

しかしその一方で、この社会すべては「本能」が生みだしたものであるにもかかわらず、しかもきわめて平和的な三つの本能に根ざしておきながら、争いが絶えないという事実があります。それはどのような理由からなのでしょうか。

この問いへの回答を持つことなしに、真に人々を幸せにするリーダーにはなり得ません。いったい、人間の脳は何を求めて機能しているのか？　このことを知ることが、複雑に進化した現代社会のリーダーに求められるようになったと言えるのです。

ケネディに学ぶリーダーの育て方と達成力

日本の弱点の一つに、一年ごとに首相がコロコロ変わるという問題があります。諸外国から見れば、これほど異常なことはなく、「誰を相手に友好関係を築いてよいかわからない」といった弊害が指摘されています。

日本の国会中継に見られるように、リーダーの些細な欠点をあげつらって「交代、交代！」と叫んでいるようでは、日本の外交におけるこのような弱点を、いっそう助長することにならないでしょうか。

人間の考えは、異なる機能を持った神経核（神経細胞の集まり、神経中枢）の連合によって生み出される機能的な構造となっているため、意見や立場の違いがあってもそれを認めながら共に生きてゆく本能を持っています。したがって、人間の脳が望む社会システムとは、互いの違いを認めながら共存する社会なのです。

しかし現実には、人間の脳が望んでいる共存社会は、なかなか実現に至っていません。みながそれぞれの立場を主張し、自己保存の本能を優先する過剰反応のため、争いや戦争をやめることができないでいるのです。

このように「共に生きたい」「自分を守りたい」という背反する二つの本能のギャップから生じる争いは、組織の大小に関係なくあらゆる組織において不毛の結果を生み出してしまいます。

したがって、これからの時代を担ってゆくリーダーは、少なくとも、人間の考えや気持ち、また行動が、どのような仕組みで行われ、どのようなメカニズムで発揮されるかを理解している必要があるのです。

先に述べた私の敬愛するケネディ大統領は、アメリカとソ連が核戦争を起こしそうになったキューバ危機を食い止めたことで、大きな評価を得ました。世界を救った彼の孤独な決断を、人間の脳機能の仕組みに照らして検証してみると、現代のリーダーにもたくさんの示唆が得られます。

そこで本書では最終章に「ジョン・F・ケネディの脳はどうなっていたか」というタイトルの節をもうけています。

彼が一人の日本人から受けた影響や歴史に残る名言を紹介しつつ、いかにしてケネディが世界的指導者として、その力量を高めていったか。また、そこから私たちが何を学ぶことができるかを述べています。

東日本大震災という国難に見舞われた今、さらなる難問を抱えた日本をすばらしい国に導く真のリーダーになるためには、ケネディのように「脳の仕組みを活かす力」が求められます。この原理は、組織のタイプや大小にかかわらず、共通して通用するものでもあるのです。

まず本書では、脳の仕組みとその原理について、具体例を示しながら、順を追って述べていきたいと思います。

第1章

脳の仕組みから見たリーダーの基本条件

人間の気持ち・考えが生まれる仕組みを理解して、真のリーダーに

人間の脳には、その構造と機能の特異性に基づく、三つの本能があります。この三つの本能をベースに、判断や理解、あるいは気持ちや考えが生まれ、同時に心も生まれてくるのです。

これまで「本能」というと、人間が生まれてから変えられないもの、と考えられがちでした。さらに言えば、本能が脳のどこで生まれ、我々の考えや行動に対してどんな意義を持っているかさえ、科学的に深く検証されることはなかったのです。

我々の考えや行動の判断が、脳の三つの本能をベースにしているとなると、人の上に立つリーダーは、その仕組みをよく理解していないと、あらゆる困難や危機をどのように切り抜けるか、強い会社組織やチームをどのように確立するかといった課題に、対応することができません。

人間の脳は、いったい何を望んで機能しているか？　この根本的な質問に答えられる

〈人間の三つの本能〉
～それぞれの特徴～

神経核連合由来の本能	脳組織由来の本能	脳細胞由来の本能
神経中枢が連合することによって生まれる本能。 「**立場を超えて違いを認めて共に生きる**ことを望む共存の本能」	**①自己保存の本能** **②統一・一貫性を好む本能** **③自我の本能** の三つの本能を生む。共存の本能とは時に対立関係になる	○**「仲間になりたい」** ○**「知りたい」** ○**「生きたい」** の三つの願望を生む本能

リーダーこそが、人間の本能が生み出す矛盾——話し合いが大切と言いながら相手の話を聞かない、幸せに生きたいと望みながら争いや戦争をやめない、皆で心を一つにと言いながら自己中心的な考えを優先する、などという矛盾——を克服することが可能となるのです。

それでは、人間の気持ちや考えや行動のベースとなる人間の三つの本能とはいったいどのようなものでしょうか。

一つ目は、序章でも述べた「**脳細胞由来の本能**」です。これは脳を作るすべての細胞が、周りの細胞とつながって、そこから情報をもらうことで生まれる、「仲間になりたい」「知りたい」「生きたい」という本能です。

二つ目は、「**脳組織由来の本能**」です。脳の中では、約一五〇億の神経細胞（ニューロン）が集まり、特定の機能を持った組織を作ります。この脳組織に由来する本能はさらに細かく次の三つに分けられます。

第一に、「自己保存の本能」。お母さんのお腹から生まれたあと、目や耳から入る情報に対して、これは危ない、面白いなどという感情のベースとなる本能です。

第二に、その内容を理解し、面白い、間違っているとの判断基盤となる「統一・一貫性を好む本能」。そして第三に、その情報の中で前向きに判断したものについて、「自分でやり遂げたい」という気持ちが生まれる「自我の本能」です。

これら第一から第三の本能は生まれた後に育つものです。したがって、努力によって、そのレベルを変える、あるいは磨き上げることが可能な本能です。

脳の「三つの本能」の最後は、「**神経核連合由来の本能**」です。

自分の気持ちが高まってくると、そこから考えが生まれてきます。人間の考えは、いくつかの異なる神経核（神経中枢）が連合することによって生まれてきます。これら神経核連合に由来する本能は、「立場や意見の違いを認め、共に生きることを望む本能」をベースにしています。

現代社会は、経済を優先するあまり、競争原理を社会システムの中に多く取り入れました。そのことによって、人間の脳が望んでいる「立場や意見の違いを認めて共に生きることを望む本能」を無視する人やリーダーが増えていることが、世の中を難しい状態にしていると言っても過言ではありません。

また人間は、「脳組織由来の本能」の中に「統一・一貫性を好む本能」があるので、聞いたことも考えたこともない話はすぐには受け入れがたいものです。

そこで本書も、脳細胞由来の本能、脳組織由来の本能、それに、神経核連合由来の本能という三つの本能に関する話題を、順番に、統一・一貫性を好む本能から大きく外れないように、少しずつ具体例を示して紹介しながら、リーダーの本質について考えていきたいと思います。

社会のシステムは脳細胞が持つ本能から生まれている

くり返しになりますが、人間は、脳神経細胞一つひとつの機能に組み込まれている細胞由来の「生きたい」「知りたい」「仲間になりたい」という本能を満たすために行動し、社会を作り上げてきました。

たとえば、学校や教育は「知りたい」という欲求が具体化されたものであり、「生きたい」という欲求が家庭を生みました。そして、「仲間になりたい」という欲求は、会社などの組織として具体化されました。

人類が幾多の戦乱や天災などを乗り越えて現在のように繁栄することができたのも、脳の本能に即した形で社会を作り上げてきたからです。

人間の脳と、そこから生まれた社会が「生きたい」「知りたい」「仲間になりたい」という三つの本能を大元としている以上、その本能に反するあり方をしている組織は、繁栄することができません。本能に反していると、組織のメンバーがいきいきと能力を発揮することもできなくなるからです。脳が欲していない方向に進もうとするのですから、無理が生ずるのは当然のことでしょう。

たとえば、「仲間になりたい」という本能がある以上、脳は根源的に「共生」を志向していることになります。したがって、「自分さえよければいい」「お金さえ儲かれば、他人がどうなろうと構わない」という利己的な考えで運営されている企業は、「仲間になりたい」という本能に反していることになります。ゆえに、そのような企業は、短期的には利益を上げたとしても、長い間には必ず滅んでいくのです。

日本は、世界一老舗《しにせ》企業が多いことで知られています。創業一〇〇年を超える老舗企業が一〇万社以上あり、世界最古の企業も日本にあります。そして、それら老舗企業は例外なく、「仕事を通じて社会に貢献する」という姿勢を強く持っています。つまり、脳が持つ共生への志向にかなった組織になっているのです。だからこそ、長年栄えて老舗企業になったのだと言えます。

このことは、日本が世界の中で生き残ってゆくために、日本人のすばらしい武器として、大切にしてゆく必要があるのです。

「生きたい」「知りたい」「仲間になりたい」の三つは誰もが持って生まれた根源的な脳の本能ですが、赤ん坊から子どもへと脳が成長する過程で、気持ちや判断・理解する脳機能を生み出すために、二番目の「脳組織由来の本能」が育ってきます。

人間の気持ちや行動は、脳組織の持つ本能で決まる

脳組織由来の本能には、「自己保存の本能」や「統一・一貫性を守る本能」があります。この二つの本能は、「自我の本能」の芽生えとともに、人間の成長においても重要な役割を果たしながら、そのレベルが変化する特徴があります。

中でも「自己保存の本能」は、外からの情報を脳の中で最初に受け取る「深部基底核A10神経群」において、「これは危ない」「それは嫌だ」などの感情を生み出す重要な本能です。

「統一・一貫性」を好む本能は、ものごとを判断・理解する前頭葉の機能を発揮するために必要です。「統一性、一貫性のあるものを好む本能」を持っているので、筋の通らないものや間違ったものは、自然に「嫌い」と判断するのです。

私たちは、「統一・一貫性」を好む本能があるからこそ正誤判断ができるし、よく似たものの違いを見分けることもできるのです。人はバランスが悪いものを見るとなんとなく気

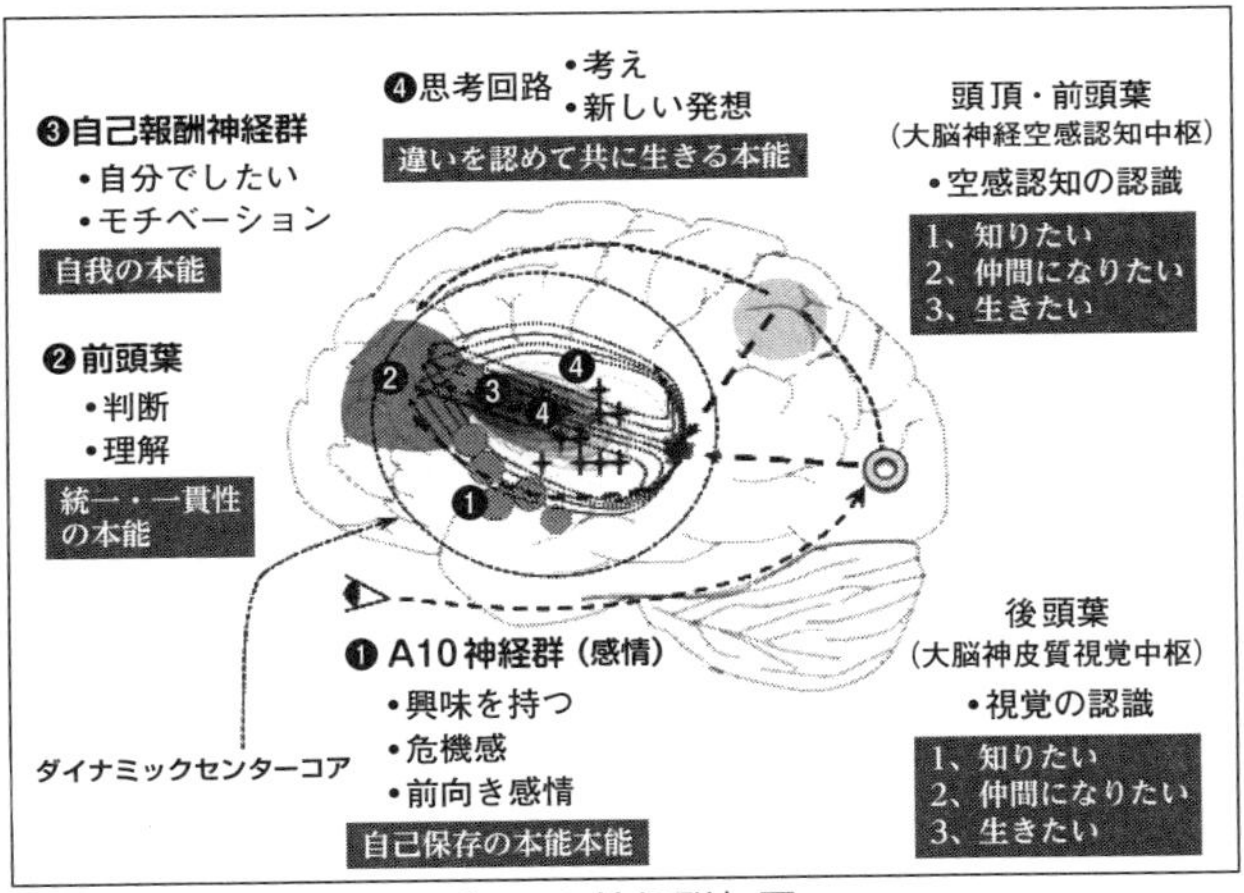

「Ａ 10 神経群」図

分が悪く、それを正したくなります。たとえば、壁にかかった絵の額が斜めになっていたら、まっすぐに直したくなるでしょう。それも、脳の本能から来る気持ちなのです。

そればかりではありません。男性なら美人が好き、女性ならイケメンが好きと自然に思ってしまうのも「統一・一貫性」を守る本能から来ているのです。

この「統一・一貫性」を守る本能には、じつは、マイナスの側面もいくつかあります。例えば、人は自分の意見に反対されると嫌な気持ちになります。そればかりか、反対されると、反対した人まで嫌いになります。

あたりまえのことですが、自分の意見がい

つも正しいとは限りません。そうである以上、「自分とは意見が違う」という理由で相手を嫌いになったり、反感を抱くのは、考えてみればおかしな話です。それでも、本能に基づくものである以上、人は「自分と異なる意見を好まない」傾向性から逃れることはできません。

しかし、「反対意見を言った相手を嫌いになる」という状態を組織の中で放置していると、組織力やチームの力は低下していきます。したがって、リーダーはその状態を抑制しなければなりません。具体的には、「反対意見を言ってもいいのは、原案よりもっとよい意見がある場合のみ」という態度を明確にしていることが、リーダーの条件の一つになると言えます。

この「統一・一貫性を好む人間の本能」は、リーダーの才能を発揮する上で、さまざまに形を変えて課題になってきますが、その具体的な課題は順次紹介してゆきます。

重要な点は、この「統一・一貫性を好む本能」は、同じ美人でも面長の人が好きであったり、ふっくらとした感じの人が好きであったりするように、その基準が人によって異なるということです。

その理由を理解すると、自己保存の本能や統一・一貫性を望む本能をどのように鍛えることができるかの答えが見えてきます。

「自己保存の本能」も「統一・一貫性を好む本能」も脳組織由来の本能で、これは成長とともに変化すると述べましたが、脳の神経細胞数が増える新生児から三歳までの小さいときの環境までさかのぼってみるとよくわかります。この時期に、難産であったり親からあまり可愛がられなかった体験をした人は自己保存の本能が非常に強く、ときに他者に対して過剰反応する傾向があります。

逆に、いろんな人から声をかけられ、小さいときに可愛がられた人は自己保存の過剰反応を起こすことが少なくなります。この人間の行動パターンは、組織の中で人を育てるための方法として示唆に富んでいます。

もっと驚くのは、「統一・一貫性を好む本能」が育《はぐく》まれてくる仕組みです。

みなさん誰しも、赤ちゃんに向かって、何度も繰り返し「バー」「バアー」と少しずつ変化をつけて声をかけると赤ちゃんがキャッキャと喜ぶ様子を目にしているはずです。また、幼いころ、何度も飽きもせず、いすの上でジャンプをくり返して、「いつまで同じことをやっているの！」と親から叱られたこともあるでしょう。

そのような、「同じことを何度もくり返す」ことが、じつは「統一・一貫性の本能」を鍛えるための巧まざるトレーニングになっているのです。

そこから敷衍《ふえん》して、リーダーが組織をまとめるために「統一・一貫性を好む本能」を利用する方法が見えてきます。リーダーは、正しいと判断したものは、くり返し、くり返し、何度も組織の中で熱意を持って語りかけなければならないのです。そのくり返しを根気よく行っていくうちに、「統一・一貫性を好む本能」が働き、組織のメンバーはその言いつけを誰もが自然に守るようになり、それに反したことは「間違ったこと」と判断するようになるのです。

人間の考えは組織の運営に何を求めているか

人間の考えは、いくつかの異なる機能を持った神経核が連合することによって生み出され、しかも、その神経伝達回路は何度もくり返す終わりのないワールプール（渦）の形をとっています。

このため、人間の考えは、意見や立場の違いを認めて共に生きる共存を望む本能を基盤とし、何度もくり返し考えることによって、意見が異なっても少しずつ「統一・一貫性の本能」によってその隙間を埋め合わせ、ものごとを解決してゆく仕組みになっています。

以上、ここでは気持ちや考えを生み出す人間の本能について、ごくかんたんに説明しましたが、そこには、すばらしいリーダーになるための幾つかの示唆に富んだポイントがあったと思います。

この後、人間の脳が望んでいる本質を理解することによって、優れた指導者が、日本でもたくさん育つことを願って、章をつなげてゆきたいと思います。

リーダーは言を左右にしてはならない

リーダーが絶対に守るべきルールの一つに、「言を左右にしてはならない」ということがあります。リーダーは、部下たちの前で言うことをコロコロ変えてはならないのです。

それはあたりまえのルールではありますが、そのことも「統一・一貫性」という本能から説明できます。部下たちはリーダーの指示によって行動を決めるわけですから、リーダーの言葉に統一・一貫性があることは非常に重要です。

にもかかわらず、リーダーの言うことがコロコロ変わるようでは、パフォーマンスが低下するのはもちろんのこと、部下たちがリーダーに対して不信を抱くようになってしまいます。何より、コロコロ変わる言葉は部下たちをうんざりさせます。人間は統一性・一貫性に欠けるものを本能的に嫌うからです。

ふだんは言を左右にしないリーダーでも、逆境に立たされるとつい言を左右にしてしまうケースがあります。たとえば、企業の業績が急激に悪化するときなどには、「経営者の言うことがコロコロ変わる」ということがしばしば起こります。それはなぜかといえば、経営者は追いつめられると、「自分の打っている手が正しい」という自信を失ってしまうからです。業績の悪化に歯止めがかからないと、つい別の手を打ってみたくなるものなのです。

経営者は「よかれ」と思ってそうしているわけですが、社員たちにとってはたまったものではありません。「先週受けた指示と正反対の指示を、今週になって急に打ち出す」という具合で、どうしたらよいか途方に暮れてしまいます。そして、経営者に対する不信もしだいにつのり、そのため業績がますます悪化していくという悪循環に陥るのです。

そればかりか、社長を支えるナンバー・ツーの幹部も、「社長の意見はまた途中で変わるのではないか」と思ったら、社長の指示に対して全力投球できなくなります。つまり、次代を担うリーダーも育たないという現象が起き、いつの間にか、組織も弱体化してゆくのです。

もちろん、思いもよらぬ状況の変化があったり、最初の見通しが狂ったりして、一度出した指示を変えなければならないケースは、どんな組織にもあります。その場合に、「統一・一貫性」の本能への配慮が必要だということです。

具体的には、指示を変更する場合、みんなの前で変更に至った経緯をきちんと説明し、理解を求めることです。そのプロセスを省略し、説明ぬきに指示を変えると、「言うことがコロコロ変わる」という悪印象を与えてしまいます。ワンマンなリーダーほどそうした失敗を犯しがちですが、それは、世間の人が想像する以上に組織のパフォーマンスに悪影響を与えます。

そのように、リーダーが取るべき行動の規範は、じつは脳の仕組みの中にあるのです。

書店に行けば、リーダー論の類《たぐい》がずらりと並んでいます。それらには過去に成功したリーダーを手本にしたものが多く、もちろんそれなりに示唆に富んだものが多いのですが、時代背景や環境が異なるため、この複雑な情報化時代に対応できない内容のものも多いのです。

この場合、原点に戻って、人間の脳は何を望んで機能しているかを理解した上で、その対応をはかることが、リーダーに求められていると考えられます。

急激な「改革」は、必然的に「改悪」となる

世の中の大多数の人々が、「大胆な改革をする人がよきリーダーである」と思い込んでいるようです。

「困難な状況から脱出するためには、思いきった急激な改革を行うしかない」と考えがちです。しかし、これまでの歴史が示すように、急激な改革を行ったリーダーの多くが、結

果的には人々の生活のみならず心の豊かさまで失うなど、世の中をよくない方向に導いた「悪しきリーダー」になっています。

どうして、このような結果になってしまうのでしょうか。それは、人間の脳が正しいか否かを判断するベースとなる本能を無視することになるからです。

思いもよらぬ意見だと感じる方も多いと思いますが、人間の気持ちや行動を決める脳の仕組みから考えると「大胆な改革をする人がよきリーダーである」という思い込みが間違っていることを述べることにします。その中には、それではどうしたら現状の壁を破ることができるかの答えもあるからです。

これまで、判断し理解する前頭葉の機能は、「統一・一貫性を好む本能」をベースに働いていることを紹介しました。急激な改革は、この「統一・一貫性」を守る脳の本能に反しているのです。

「統一・一貫性」という脳の仕組みを考えると、それに反することは、多くの人にとって好ましいことではありません。それでは、どうしたらよいのでしょうか。

脳の答えは、非常に単純で明快です。新しい改革は、統一・一貫性を好む人間の本能に抵触《ていしょく》しない程度に、少しずつ、少しずつ、話し合いをしながら、期限付きでくり返し確実に進めてゆくことです。

もちろん、どの組織も完璧ではありませんし、何もしないでいると社会や組織に閉塞感が生まれますから、改革は必要です。ただし、大きく急激に変えてはいけないのです。

急激な変化をしようとすると、そのことによって苦しみ、血を流す人々がたくさん生まれざるを得ないからです。たとえどんなに悪い制度に見えたとしても、その制度に慣れ親しみ、その制度の下で幸福に暮らしている人もたくさんいるのです。急激な改革は、その人たちをないがしろにし、切り捨てる行為にほかなりません。リーダーたるもの、そうした人たちにも十分配慮しなければならないのであり、ゆえに急激な改革は失敗する可能性が高くなるのです。

二十世紀は「戦争と革命の世紀」と呼ばれました。ロシア革命などの革命が相次いで起こり、そのことでおびただしい数の民衆が血を流し、塗炭《とたん》の苦しみをなめました。「革命」というと「よいこと」というイメージがあるかもしれませんが、脳の考える仕組みから言えば、必ずしもよいことだとは言えないのです。革命は社会を進歩させるかもしれませんが、その反面、必然的に多くの民衆を苦しめるものだからです。

「革命」「改革」と言うと、なんだか新しいことに挑戦する進化だと考えがちですが、それは、よい結果を生み出して初めて進化したと言えるのであって、新しいことも必ずしも進化とは言えないのです。

かのマハトマ・ガンジーの名言に、「善きことは、カタツムリの速度で動く」というものがあります。この言葉どおり、彼が成し遂げたインド独立は、暴力を用いない漸進的な改革でした。さすがは人類史に輝く偉人です。彼は、急激な改革が民衆を苦しめるということを、よく理解していたのでしょう。

しかし、「大胆な改革をする人がよきリーダーである」という人々の思い込みは根深いもので、世のリーダー論の多くもそのような主張に沿って書かれています。たとえば、企業再建を請け負ったリーダーを評価する際にも、大胆なリストラを断行して急激に業績を回復させた人が、名リーダーとしてもてはやされがちです。

業績回復などの結果を出すことは、たしかに名リーダーの条件でしょう。しかし、そのためにとる手段が大規模なリストラなどの「急激な改革」であったなら、それは統一・一貫性に反する行動であり、華々しい成果の背後に、多くの人の苦しみが隠される結果を生み出します。

　組織に関わる人数が多ければ多いほど、急激な変化はリスクを伴うのです。たとえ、リーダーから見れば間違ったやり方であったとしても、その間違ったやり方に慣れ親しんだ人たちが大勢いるからです。急な改革は、その人たちの統一・一貫性を壊すことになります。それを強引にやれば、必ず大きな傷痕《きずあと》を残します。

　大企業同士の合併も、一見華々しく、大胆な改革として世を賑《にぎ》わせがちです。しかし、それもまた統一・一貫性に反する行為なので、たくさんの人を苦しめる結果になりがちです。そもそも、完全に対等な企業合併などあり得ません。たとえ表面上は対等に見えても、実際にはどちらかの強い企業がもう一方の弱い企業を「呑《の》み込む」形になるものです。したがって、呑み込まれた側の社員は苦しむことになりますし、呑み込んだ側の社員たちにとっても、それまでの仕事の統一・一貫性が大きく損なわれるわけですから、パフォーマンスの大幅な低下を招かざるを得ません。

　どの業界でも企業の合併が盛んな昨今ですが、一見成功したように見えるケースも、じつは合併した二つの会社のうちどちらか一つは死に体となってしまっている例もあるのではないでしょうか。合併が本質的にあまりうまくいかないのは、脳の仕組みからも明らかなことなのです。

「大胆な改革をする人がよきリーダーである」というのが間違った思い込みであることを、ご理解いただけたでしょうか?

「組織の中で生まれる心の迷い」に対する脳の解決策

組織の中では、急激な改革に伴う弊害のほかに、さまざまな気持ちや心の迷いを起こす課題もたくさん発生します。ここでは、人間の脳神経細胞由来の本能である「仲間になりたい」について考えてみることにします。

「仲間になりたい」という気持ちや考えは誰しもが生まれつき持つ脳神経細胞由来の本能ですから、会社に入るとほとんどの人はその会社を知らず知らずのうちに好きになります。

ところが会社に入って、考えの違いや思わぬ手違いから自分が責められる立場に立たされると、「仲間になりたい」という神経細胞由来の本能と、自分を守りたいという「自己保存本能」、また間違ったことは嫌だという「統一・一貫性を好む本能」とが、しばしば相反します。つまり、本能と本能の間にギャップが生まれ、気持ちや心の迷いが生じるのです。

この場合、人間は普通、「統一・一貫性の本能」を発揮して、「生きたいという脳神経細胞由来の本能」と「自分を守りたいという脳組織由来の自己保存の本能」をすりあわせ、「仲間のため」よりも自分を守ることを優先することになります。

その結果、誰もが平和を願いながら人類が戦争をやめない、政治家が「国民のため」を標榜《ひょうぼう》しながら、自分の立場を守るために選挙のことを考え、政党間の意見調整やその垣根を越える新しい発想の政治ができなくなる……などという現象が起きてきます。

このような場合、人間の脳はどのような解決策を持っているのでしょうか。じつは「仲間になりたい」という本能は、異なる神経核（神経細胞群）が連合する神経回路から生まれてくるので、違いを認めて共に生きる「共生の本能」とも結びつきます。

そうです。答えは、「意見や立場の違いを認めたうえで、他者と共生する」という「思いやり」の本能を駆使することです。

要するに人間の脳は、三つの異なるレベルの本能を持つことで、上手にバランスをとって生きる仕組みになっているわけです。たとえば、「自分を守ろう」という本能が強く働きすぎているなと感じたときは、神経核連合由来の共生本能を働かせ、意見が異なる他人のことを理解しようという気持ちを大切にすることです。

本能というと、人はとかく、食欲・性欲などの動物的な欲望を思い浮かべがちです。しかし、我々人間の脳には、他者への思いやりや、意見の違いを受け入れて共生するという志向性が、本能として組み込まれているのです。なんとすばらしいことではありませんか。四〇億年に及ぶ地球生命史の中で、バクテリアも含めれば天文学的な数の生命体が生まれたはずですが、そのうちの多くは、現在まで生き残ることができず、どこかの時点で滅んでしまいました。そして、滅んだ生命体の特徴の一つは、「近くにいる者と仲よく共生できなかった」ということなのです。

共生できなければ、必然的に争いが生まれ、争いに負けた側は絶滅するしかありません。そうした淘汰の歴史を長い年月くり返すなかで進化してきたからこそ、我々人間の脳には思いやりが本能として組み込まれていったわけです。そのほうが生き残る確率が格段に高まったからです。

そして、現代に生きる我々もまた、このすばらしい思いやり・共生の本能にしたがって生きていかなければなりません。それこそが、人類を滅亡に追いやらないために何より大切なことなのです。

「自己保存の本能」を適度に抑制し、「統一・一貫性の本能」のマイナス面である「自分と違う者を嫌う」という性質を乗り越えて、「他者との違いを認めて共に生きる」こと。脳は本質的にそれを望んでいるのであり、それが人類の進むべき正しい方向なのです。

そうした観点から見ると、「他者との共存を認めない急激な改革」は、脳の仕組みに反したものであることがわかると思います。

急激な社会構造の変化は、必然的に「強者」と「弱者」を生み出してしまいます。「変化」に対応できるものとできないものの間には格差が生じ、ひいては「統一・一貫性」本能のマイナスの面が強くなってしまい、共生志向とは真逆の結果になってしまうのです。

人間の脳が本来持つ「共生」志向を生かし、同時にさまざまな社会的課題を解決するには、より慎重に、漸進的にものごとを見極めなければならないのです。

有意義な反対意見を言える組織に

「統一・一貫性を求める脳の本能」にはプラス面とマイナス面がある、と先に述べました。マイナス面の一つとして、「統一・一貫性を好む本能」が多数派のほうに働く癖を持っていることが挙げられます。したがって、多数派の意見が間違っていた場合にも、その意見を正しいと思い込みやすいのです。

言いかえれば、本来は正しい答えを選ぶためにある「統一・一貫性を求める本能」が、「人が間違いを犯す仕組み」になってしまうのです。

たとえば、太平洋戦争で日本が敗戦に突き進んでいった道筋の中にも、この仕組みが作用していました。物量で圧倒的に勝る米国と戦争をしたところで、日本が勝てる可能性など、もとより皆無に等しい戦争でした。じっさい、そう感じていた人は軍のエリートの中にも多数いたことでしょう。しかし、周囲の圧倒的多数の人々が戦争に向けて突き進み、大本営発表などによって「神国日本が負けるはずがない」という気分が国中に蔓延《まんえん》すると、統一・一貫性の法則が働いて、人は多数派の意見を正しいと感じてしまいます。冷静な状況判断ができなくなってしまうのです。

いささか大きな例を挙げましたが、同じことは現代のあらゆる組織にもしばしば起こります。

たとえば、周囲にイエスマンばかりが揃っているワンマン経営者が、無謀な新事業計画を立てたとします。冷静に考えれば絶対に成功するはずがないような計画であったとしても、イエスマンの幹部たちはお世辞でほめちぎります。すると、その経営者自身も「この計画は絶対に成功する」と思いこんでしまいます。多数派の意見を正しいと思い込む統一・一貫性が働いて、正しい状況判断ができなくなってしまうのです。

そして、その会社の中に「こんな事業計画、無理だろう」と正しく判断した社員がいたとしても、ワンマン社長や幹部たちに表立って反論することは難しい環境が生まれてきます。また、そう判断した社員の心にも統一・一貫性が働いて、いつしか周囲の間違った意見に同調してしまいがちです。

そうした「脳の間違う仕組み」を免れるためにも、リーダーたる者は周囲をイエスマンばかりで固めてはいけません。「忠言耳に逆らう」というとおり、時には耳の痛い厳しい意見を述べる幹部も、そばに置いておくことが必要なのです。

また、脳の本能の中に「間違う仕組み」がある以上、いかなる組織も間違いをゼロにすることは不可能です。だからこそ、できるだけ間違いを極小化する仕組み作り、また、間違いを犯したときに素早くリカバリーし再発防止策を練るような体制作りをすることが、リーダーの役割の一つとなります。

間違う仕組みを免れるための工夫として、私が救命救急センターの部長だったころにもうけていたチームの「ルール」を紹介したいと思います。

そのルールとは、先程も少し触れましたが「誰かの意見に反対するときには、必ず代案を言う」ということでした。「反対するなら、もっといいと思う代案を言え。代案なしに反対だけしていたらチームの団結が崩れるから」と、私はいつもメンバーに言っていたものです。「代案を持っている人だけが反対する資格がある」というのが私の考えだったのです。

日本人の欠点の一つは、「反対するときに代案を言わないこと」「具体的に実行できるもっと良い案を言わないこと」だと思います。

「代案を言わずに批判するだけ」の人が声を大にしてしゃべっているという光景は、国会の討論から企業の会議まで、日本中どこでも見られるありふれた一コマです。それでは建設的な議論になるはずがないし、批判された人にはいやな思いしか残りません。そして、そんなことをくり返しているうちに互いが嫌いになってチーム力が低下してきます。お互いが嫌いになってしまったら、もうその相手の意見など注意深く聞く気にならないのが、人間というものです。なんとも不毛な話ではありませんか。

「反対するときには必ず代案を言う」というチームのルールを作ると、そのことがチームにとって大変プラスになります。普通、反対する人は嫌われがちですが、きちんと代案を出した上で反対する人は、むしろ「あの人はすごい」と周囲から一目置かれるようになったのです。そうした空気が醸成されたことによって、反対意見が言いやすくなるのです。そして、反対意見を言う場合にも、じっくり自分なりの代案を考えるようになったことで、チームを引っ張る主体者としての自覚が各自に生まれるのです。

もちろん、リーダーたるもの、きちんとした代案を持った上での反対であれば、自らの意見に反対する相手を受け入れる度量がないといけません。「俺の意見に反対するとは生意気でけしからん」などと思うようではリーダーの資格がないのです。

日本人はとかく、反対意見を受け入れるのが苦手だと言われます。議論百出《ひゃくしゅつ》というのは日本ではあまり見られない光景で、たいていは周到な根回しの上で一つの意見だけが用いられ、反対意見を言うことが許されない雰囲気になります。

それは、統一・一貫性という本能に従って日本人が培《つちか》ってきた、ある種の「生活の知恵」です。しかし反面、間違った意見に引きずられやすいという危険をともなう傾向でもあります。ゆえに、これからの時代のリーダーは、自らが率いる組織を「反対意見の言えない組織」にしてはいけません。

反対意見が言いやすい組織、しかも「反対のための反対」ではなく、きちんとした具体的に実行できる代案を言いやすい組織にすることが肝要なのです。

自己保存の本能はリーダーの大敵

自分を守るために必要な自己保存の本能にも、「統一・一貫性を好む本能」と同じく、やはりプラス面とマイナス面があります。

人間が生きていけるのは自己保存本能のおかげです。かりにこの本能が壊れてしまえば、人は生命を危険にさらすような行動を平気でとるようになり、早晩死に至るでしょう。しかし、その反面、この自己保存本能が過剰に働くと、さまざまな弊害が生じます。

とくに、組織のリーダーにとって、自己保存本能はときに大敵となります。なぜなら、リーダーたるもの、自分のことより組織のことを優先する気持ちがなければいけないのに、自己保存の本能が働きすぎると、「周りの人を傷つけても自分を守ろう」という本末転倒の心理に陥ってしまうからです。

それはけっして珍しいことではなく、リーダーの誰もが陥りやすい弊害です。古今東西の多くの国や組織のリーダーが自己保存本能を過剰に働かせたことによって滅んでいった例はたくさんあります。

卑近な例でいえば、バブル経済崩壊後にとてつもない額にふくれあがった、金融機関の不良債権問題です。一九九〇年代後半に日本の金融機関の不良債権処理のために投入された公的資金は四六兆円にのぼり、そのうち一〇兆円ほどが返済されず国民負担となったといわれています。

各金融機関のリーダー、すなわち支店長や頭取がもっと早い段階で適切に処理しておけば、そこまで巨額にはならなかったはずです。そうできなかったのは、リーダーたちが自己保存本能を過剰に働かせ、保身に走ったからです。「自分の代で処理して泥をかぶりたくない。それより、なんとか支店長交代まで頬かむりして、後任者に責任を押しつけよう」と考えた悪しきリーダーが、たくさんいたのです。

その結果、不良債権がふくれあがって国民に大きな負担を押しつけることとなり、日本の景気は悪化し、破綻する金融機関も続出するという大惨事に至ったわけです。それはまさしく、「組織に傷をつけても自分を守ろう」という自己保存本能の過剰反応が引き起こしたものなのです。

また、一時期頻発した食品偽装問題でも、偽装が発覚したあとでさえ経営者が責任を認めようとせず、社員や消費者に責任を転嫁しようとした事例がありました。ここまでいくと、もはや「自己保存本能の暴走」という趣《おもむき》すらあります。

以上はいささか極端な例で、そこまであからさまな保身に走るリーダーはあまりいないかと思いますが、もっと小さな保身に走る事例なら、どんな組織にもあります。

たとえば、「部下に対して自分の弱点や失敗をつい隠してしまう」という形の保身です。それは些細な保身に思えるかもしれませんが、リーダーが部下に対してウソをつくというのはあってはならないことで、そのことが組織に対して間違いなくマイナスの影響を及ぼします。些細な保身もくり返せば「あの人は私たちに対して本心を明かしてくれない」などという不信感を部下に抱かせ、やがては組織がバラバラになっていくものなのです。

人はとかく、「リーダーは部下に対して威厳を保たなければならない。そのためには自分の弱みを部下に見せてはいけない」と考えがちです。しかし、それはまったくの逆。「自分の弱みを隠す」というのは部下にウソをつくことですから、やってはいけないことなのです。

昔の封建社会の武将や王様のようなリーダーなら、「自分の弱点を認められる能力」など必要ありませんでした。しかし、現代のような高度に情報化された民主主義社会の中では、リーダーに求められる資質もより複雑化するのです。

なぜ、リーダーが自分の弱点を認められないといけないのでしょう?

部下に対して弱点を隠したままでいて、重大な場面でその弱点があらわになったなら、そのことが致命的な失敗につながりかねないからです。それよりは、最初から正直に「自分にはこういう弱点がある」とさらけ出しておいたほうが、周囲がそれを補う工夫をしやすくなりますし、弱点克服のための道筋も見えやすくなります。

リーダーは組織のために自分の立場を捨てよ!

じつは人間の脳そのものも、自己保存本能が過剰に働くことで脳組織が壊れてしまうことがあります。それは私が救命救急センターで脳障害を起こした患者さんの治療にあたっていたとき、何度も目《ま》の当たりにした現象です。

脳に障害が発生すると、脳は自らを守るために、カテコールアミンという神経ホルモンを出して血圧や血糖値を上げようとします。そのことで脳の血の流れとエネルギーを確保しようとするのです。

ところが、脳の障害が重症である場合、カテコールアミンをふだんの数十倍も放出するという過剰な防御反応が起きます。脳としては自らを守るためにやっていることなのですが、これがかえって脳の破壊に結びついてしまいます。血圧が上がりすぎて壊れた血管から出血が起きたり、血糖値が上がりすぎることによって、脳に酸素を運ぶヘモグロビンの機能障害が起こり、酸素吸入しても効かなくなって、脳の酸素不足が起きてしまうのです。

つまり、脳が自己保存本能によって自らを守ろうとしてやることでも、それが過剰に働くとかえって自らを攻撃し、破壊してしまうのです。

このことは、「組織のリーダーが自己保存本能を過剰に働かせると、組織を壊してしまう」ということと相通じます。人間社会が脳の仕組みに沿って作られている以上、人間が作る組織もまた、脳によく似た性質を示すわけです。

さて、そのように過剰な自己防衛が組織にとってリスクとなる以上、リーダーは自己保存本能をコントロールできなければいけません。自己保存本能を野放しにしていたら、そのことが組織に危機をもたらすからです。とくに、大きな組織を率いているリーダー、あるいは力の強いワンマンなリーダーほど、そのことを肝に銘じておかなければなりません。たとえば、総理大臣や大統領といった人々が自己保存本能をコントロールできないと、そのことによって脅かされるのは一国の運命なのです。

真のリーダーたる者は、目的のためなら「自分の立場を捨てる」ことが大切な条件であると、脳の仕組みから言えるのです。つまり、自己保存本能を完璧にコントロールし、自己保存本能から生じるプライドを捨てる心意気が不可欠なのです。

「プライドを捨てる」「自分の立場を捨てる」と言葉で言うのはかんたんですが、これは並大抵のことではありません。なにしろ、自我や自己保存本能という根源的な本能から生まれてくる感情なのですから。

しかし、リーダーたる者、ときにはプライドをかなぐり捨てて、メンバー（経営者なら社員、大統領なら国民）のために命をかけなければいけない場面があります。いざというときにそれができる人こそが、真のリーダーなのです。

私は、ジョン・F・ケネディが「キューバ危機」のときにとった行動こそ、「いざというときにプライドを捨て、自分の立場を捨てる」行動の模範だと思っています。

キューバ危機が起きたのは、一九六二年のこと。ソ連（当時）がキューバに核ミサイルを配備したことをめぐって米ソが激しく対立し、全面核戦争勃発の瀬戸際までいったと言われる事件でした。当時のケネディ米大統領とソ連のフルシチョフ首相の間で緊迫したやりとりがくり返され、フルシチョフがミサイル撤去を決断するまでの一三日間、米国民は核戦争の恐怖におののいたといいます。

ケネディはソ連に対して一歩も退きませんでした。キューバ周辺の海上封鎖を行い、米軍への準戦時体制を発令。ソ連に向けて核弾頭搭載の弾道ミサイルを発射準備しました。もしもソ連が核ミサイル撤去に応じなければ、核戦争に突入することまでケネディは覚悟の上だったことでしょう。

そうしたケネディの行動には、保身など微塵もありませんでした。かりに核戦争が勃発していたとしたら、ケネディは「第三次世界大戦の引き金を引いた男」として、後世に汚名を残していたでしょう。それでも、米国民を守るために、彼は毅然たる態度をつらぬいたのです。もしもあのときケネディが自己保存本能やプライドを捨てていなかったなら、もっと弱気な対応をして、ソ連につけこまれていたに違いありません。命を賭け、プライドなどかなぐり捨てて一歩も退かずに交渉したからこそ、フルシチョフの譲歩を引き出したのです。

キューバ危機は、「東西冷戦期の最大の危機」と呼ばれています。つまり米国にとっても、第二次大戦終結以来最大の「国難」であったわけです。当時四五歳の若さだったケネディが、二〇歳以上も年上の老獪《ろうかい》な権力者フルシチョフを向こうに回し、その国難を見事に乗り切ったのです。

その結果は何によってもたらされたかといえば、ケネディというリーダーがプライドを捨て、自分の立場を捨てて、国民のために命を賭けたことです。ソ連との一連の交渉は、策略でも駆け引きでもなく、ケネディの捨て身の真剣さの勝利でした。

もしも一連の交渉がケネディの権力欲に発する行動であったなら、危機を回避したあとでソ連を攻めていたでしょう。しかし、ケネディはそれをしませんでした。フルシチョフの譲歩を受けて、キューバへの武力侵攻はしないことを約束し、冷戦体制自体も、キューバ危機を境にデタント（緊張緩和）へと舵を切ったのです。ケネディを動かしていたのは権力欲ではなく、自分という枠を超えた大義でした。米国民を守ることにこそ、彼の眼目があったのです。

いま、日本は東日本大震災を経験し、未曾有の国難状態にあります。しかし、責任追及に終始するあまり、政治家のみならず国民一人一人が何を行うべきかの具体的な解決策をあまり語ってきませんでした。

その結果、災害対策と復興策を同時に行うことができず、災害対策の目処がついた頃にようやく復興策が開始される事態となったことは非常に残念なことです。

事故が起きると、必ず、その原因追究や責任追及の話はたくさん聞かされますが、それをどのように具体的に解決してゆくかの話は、あまり聞いたことがありません。言葉が少しきついかもしれませんが、重症患者を扱う救命救急センターであれば、確実に患者の命を失うやり方です。

世界中で誰もが経験したことがない災害の体験を通して、人間の脳が望んでいる「立場や意見の違いを認めて共に生きる」本能を改めて鍛えながら、ケネディの脳に学ぶ。このことが、日本のリーダーに必要であり、それを実行するリーダーを支えることが、日本国民にも求められていると言えます。

なぜなら、すばらしいリーダーは、本質的には、国民によって育てられるからです。

リーダーの「伝える力」は、「聞く力」があってこそ

「リーダーには聞く力が大切だ」と言われます。それは、相手の脳に入る方法だからです。「聞き上手の人は異性にもてる」と言われますが、それは脳の仕組みからみれば「気持ちや考えが伝わる条件の一つである、相手の脳に入る方法」だからこそです。

したがって、リーダーが部下に自分の思いを伝えるためには、まずは部下の言うことをよく聞かなければなりません。その聞く行為を抜きにして一方的に自分の思いだけを話していたら、部下はリーダーの言うことを聞こうとはしなくなるでしょう。

なぜなら、人間は「この人は私の気持ちを受け入れてくれた」と感じたとき、初めてその相手の言葉を聞こうとするものだからです。すなわち、「相手に自分の気持ちを伝える

力」とは、「聞く力」があってこそのものなのです。

聞く力がコミュニケーションにおいていかに重要であるかを示す一つの証拠として、「オウム返し」が認知症の改善に有効だという研究結果があることを挙げておきましょう。「オウム返し」とはもちろん、相手の言ったことをそのまま繰り返すことですが、それを励行するだけで、認知症に改善が見られたというのです。

たとえば、認知症が始まっているおじいちゃんが「アメリカに行きたい」と突然言い出したとします。

家族がそれを聞いて「何をバカなこと言ってんのよ」と頭ごなしに否定するのではなく、「そうだよねえ。アメリカに行きたいよねえ」と、まず相手の言った言葉をオウム返しするのです。そしてその上で、「でも、今日は飛行機がストライキで休みらしいよ。だから今日は無理だから、またいつか行こうね」という言い方をする。たったそれだけのことですが、このようなオウム返しを日々くり返していったところ、認知症の改善につながったというのです。

なぜ、オウム返しが認知症を改善させたのでしょう?　それは、オウム返しをすることによって、相手は「この人は私の言うことを受け入れてくれた」という印象を受けるからです。そのことによって「この人の言うことなら聞いてもよい」という気持ちが生まれ、お互いの脳神経細胞の「同期発火」が起き、共感が生まれます。

相手を一度肯定し、相手の脳に一回入ってあげるやり方が、オウム返しから入る会話です。逆に、「何をバカなこと言ってんのよ」という否定から入ってしまうと、「この人は私の気持ちを受け入れてくれなかった」という印象を相手に与えます。したがって、その時点で心を閉じてしまい、相手の言葉を受け入れる余地もなくなって、「同期発火」が起きないのです。

以上のことは、認知症治療にかぎったことではありません。あらゆるコミュニケーションを改善するためにも、オウム返しの励行は有効です。

たとえば、リーダーが部下から相談を受けたり、愚痴のような話を聞かされた場合にも、アドバイスをする前に、まず一度相手の話をオウム返しして、受け入れてあげることが大切です。「〇〇がつらい」という話だったら「つらかったねえ」とまず言ってあげるのです。

たとえその相談の内容が馬鹿らしいと思ったとしても、「お前、馬鹿じゃないのか。何を言ってるんだよ」などという否定から入ってはいけないのです。

そして、相手の話をオウム返しするためには、当然のことながら、話をよく聞いていないといけません。オウム返しを心がけることは、「聞く力」を高めるトレーニングにもなるのです。

部下を尊敬するリーダーこそ真のリーダー

「聞く力」の源は何かといえば、「相手を尊敬する」ということです。

人間は、軽蔑している相手の言うことなど聞こうとは思いません。相手を尊敬しているからこそ、その人の話をよく聞こうとするのです。その意味で、よりたくさんの人を尊敬できる人こそが、「聞く力」の強い人だと言えます。

というと、「人の話を聞くためには、尊敬までいかなくても、『相手を好きになる』でいいのではないか」と思う人もいるでしょう。たしかに、相手を好きになる（好感を抱く）だけでも、話を聞くことはできます。ただ、リーダーにふさわしい「聞く力」のためには、

「好き」だけでは不十分で、「尊敬」までいかないといけないのです。

なぜなら、「好き・嫌い」というのは一瞬で揺れ動く不安定な感情ですから、永続性がないからです。好感を抱いていた相手でも、ほんの些細な一言、些細な行動によって嫌いになってしまうのが人間というものです。リーダーたるものは部下に対してつねに「聞く力」を発揮する必要がありますから、「部下に好感を抱く」だけでは足りません。部下を尊敬しないといけないのです。

「この部下がいるから自分は指導者の地位にいられる、この部下がいるから自分も磨かれて立派なリーダーになる。どんなダメな部下でも、やがて自分が立派なリーダーになるために神様がつかわした人である」――そのように考えれば、どんな部下でも尊敬することが可能になるものです。

経済優先、効率を求め、勝ち組・負け組が言われる時代において、いま、日本人の「人を尊敬する力」は確実に低下しています。このため、あらゆる分野で「人を尊敬しない人」が増えています。リーダーの中にも、「リーダーが部下を尊敬するというのは、よくわからない」などという人がしばしばいます。

封建時代のリーダーであれば、部下に対して有無をも言わさぬ圧倒的な力を持っていましたから、部下を尊敬する必要などありませんでした。命令一つで、部下は右へ左へと動いてくれたのですから。

民主主義の時代に入ってからも、日本でいえば高度成長期くらいまでは、まだ封建時代の名残が残っていて、リーダーと部下の間には明確な力の差がありました。会社では上司の命令、学校では教師の命令が強い強制力を持っていて、それに従うのがあたりまえでした。したがって、その時代にもまだ、「部下を尊敬する」ところまではリーダーに要求されませんでした。

しかしいまや、民主主義は完全に成熟し、「上司の言うことは絶対」などという封建的空気は日本社会から完全に消え去りました。いまでは、たとえ立場上はリーダーと部下であっても、一個の人間としては平等です。もう、地位や役職の権威さえあれば唯々諾々《いいだくだく》と人がついてくるような時代ではありません。だからこそ、いまのリーダーは人間としての力で部下を惹きつけなければならず、そのために「部下を尊敬する」ことが要求されるのです。人間として平等である以上、部下から尊敬されるリーダーであるためには、部下を尊敬する必要があるからです。

リーダーが部下に尊敬の念を向けるからこそ、部下もリーダーを尊敬します。そのとき、互いの脳内では同期発火が起きています。両者の脳のシナプスが同時に同じ考え・感情を持って共感の感情が生まれるのです。

「部下を尊敬できるリーダーこそが、真のリーダーである」という考えは、近年日本でも定着した「サーバント・リーダーシップ」の概念とも相通ずるものです。

「サーバント・リーダーシップ」とは、一九七〇年代にロバート・K・グリーンリーフが提唱した概念で、「リーダーはフォロワー（部下など）に奉仕する立場である」との考えに立つ「奉仕型リーダーシップ」のこと。「サーバント」とは英語で「召使い」のことですから、「あたかも召使いが主人に仕えるように、リーダーが部下に仕える」というニュアンスになります。

旧来型の「おれについてこい！」という「命令型リーダーシップ」が「ハード・パワー」だとすれば、「サーバント・リーダーシップ」は「ソフト・パワー」を用いた、フォロワーの自主性を重んじるリーダーシップといえます。成熟した民主主義社会におけるリーダーシップのありようは、必然的にそのようなものになるのでしょうか。

そして、「召使いが主人に仕えるように」部下に仕えるためには、当然、部下を尊敬していなければなりません。私としては、近年「サーバント・リーダーシップ」の重要性が理解されるようになってきたことは、「我が意を得たり」という思いです。

とはいえ、リーダーがすべての部下を尊敬するというのは、当然のことですが、けっしてたやすいことではありません。それは、大きな組織になればなるほど難しいでしょう。組織が大きくなればなるほど人は増え、ファクターも増えて、さまざまな違いを持つ人たちが混在しています。有能な人もいれば無能な人もおり、人間ですから気の合う人も合わない人もいるでしょう。真のリーダーは、そうした違いを超えてすべてのメンバーに尊敬を向けなければいけないのです。

そのような話をすると、「先生、そんなの絶対に無理です。だって、僕の周りには尊敬できるような人は一人もいませんから」と言う人がいます。私は、そんなときにはこう言っています。

「それは、あなた自身の『人を尊敬する能力』が落ちているというだけのことです。あなたが真のリーダーであろうとするなら、もっと『人を尊敬する能力』を磨かないといけません」

そう、人を好きになるにも、人を尊敬するにも、そのための能力が要求されるのです。それは、「人間としての度量」と言いかえてもよいでしょう。「部下が好きになれない、尊敬できない」というのは、リーダーとして未熟であり、人間としての器が小さい証拠です。「私は未だかつて嫌いな人に会ったことがない」という、映画評論家の淀川長治さんの名言があります。人間としての度量の大きい人ほど、たくさんの人を好きになり、たくさんの人を尊敬できるものなのです。

たとえ相手が小さな子どもであっても、「尊敬できる面」を必ず持っているものです。真のリーダーは、すべての部下からそのような「尊敬できる面」を探し出す達人です。たとえば、どんなに未熟な新入社員に対しても、その相手から尊敬できる面を見つけ出します。そのように尊敬の念を向けるからこそ、相手もそのリーダーを尊敬できるのです。そして、その尊敬も一瞬ではダメで、持続性が肝心です。「尊敬の相互作用」が持続的に起きていくことで、組織はいい方向に動いていくのです。

逆に、「うちの社員にはろくな人材がいない」などとぼやいている経営者などは、「私にはリーダーとしての資質がまったくありません」と言っているのと同じことです。

部下のよい面、すばらしい面につねに目を向け、実際にそうした面を本人に向かって口に出してほめてみることです。それを励行することで、リーダーに必須の「尊敬力」（人を尊敬する力）も徐々に向上していくはずです。

第2章

強い組織を作るリーダーの心構え

チームプレイには自他の力が求められる

少し前に、あるシンクロナイズドスイミングのコーチからこんな質問を受けました。

「私のチームに、一人だけ飛び抜けて優秀な選手がいます。彼女は足を上げる高さなども一歩抜きん出ていて、ほかの選手は同じ高さまで上がらないんです。先生、こういう場合は、この選手を中心にしたチーム作りがよいのか、あるいは、思い切って彼女を外したチーム作りがよいのか、どうしたらいいでしょうか？」

私は即座に、「その優秀な選手をチームから外しなさい」と答えました。

シンクロナイズドスイミングは、全体のリズムや演技の調和、つまり、人間がものごとを判断する基盤となる統一・一貫性を好む人間の本能が求められる競技だからです。飛び抜けて優秀な選手が一人だけいても、そのことが評価につながりません。

一方で、「その選手をお手本にし、みなでそのレベルに達するチーム作りを試みる方が筋道ではないか」という意見もあるでしょう。

無論、この考え方にも一理あります。しかし、そうしたチーム作りは、飛び抜けて優秀な選手を外すやり方より、はるかに困難でしょう。なぜなら、失敗の連続が予想され、失敗のくやしさをみなで共有できないという、人間が才能を発揮するためには非常に難しい条件を、チームに持ち込むことになるからです。お互いに同期発火して「心と気持ちを一つにするチーム作り」が難しくなるのです。

人間には、脳細胞由来の「仲間になりたい」という本能、脳組織由来の「統一・一貫性を好む本能」があることを、さきに紹介しました。この二つの本能、あるいは、お互いを好きになってチームメートを尊敬するという感情や気持ちを生み出す「自己保存の本能」――これらの三つの本能を重ねる訓練を行うと、人間の才能は予想を超えるレベルまで到達することが可能になるのです。

このことは、シンクロナイズドスイミングにかぎらず、多くの団体競技のチーム作りにおいてもまったく同じことが言えます。

一人だけ飛び抜けて優秀な選手がいて、その人がいるせいでチームの「統一・一貫性を望む本能」が求める和が乱れるようなら、たとえどれほど優秀であっても、チームから外したほうが全体の力がより大きく伸びてくるのです。

じつはこのことは、企業などあらゆる組織にもあてはまります。チームが一丸となって一つの目標に向けて突き進むとき、一人ではけっして出せないほどの底力を発揮するということです。たとえどんなに優秀な人間であっても、チームの力で勝負する企業であれば、その和を乱すような人はチームから外すべきなのです。その決断をすることも、リーダーの大切な役割の一つです。

それでは、一人飛び抜けた優れた人材をどのように育てたらよいのでしょうか。チームのレベルと合わないからと言って、辞めさせてよいのでしょうか。むろん、答えはノーです。

人間の考えは、違いを認めて共に生きることを望む本能を基盤にしています。チーム力や組織力は、まさしく、自他の力をどのように育《はぐく》むかにかかっています。個人個人の力を合わせることによって、個人の力だけではなし得ない力を発揮するのがチーム力であり、組織力です。人が集まったからと言ってチーム力が生まれるわけではないのです。

「リンゲルマン効果」に打ち勝つために

リーダーの力が不足していると、チーム内の個々の力が発揮できなくなる。これを、心理学では「リンゲルマン効果」という言葉で説明しています。

リンゲルマンとは、ドイツの心理学者の名前です。彼は、集団で作業をすると個人の努力がおろそかになる「社会的手抜き」と呼ばれる現象を、実験を通して初めて立証しました。その「社会的手抜き」効果を、発見者の名前から「リンゲルマン効果」と呼ぶわけです。

リンゲルマンが行った実験のうち、いちばんよく知られているのは綱引きの実験です。それは、被験者に綱引きを行わせ、参加する人数によって一人が出す力がどう変化するかを調べたものでした。

その実験の結果、一人だけで綱を引っ張るときの力を一〇〇とすると、二人で引っ張ったときの一人の力は九三、三人のときには八五、八人のときには四九と、参加人数が増えるほど一人が出す力が弱まることがわかったのです。

これは、みなさんが運動会の綱引きに参加したときのことを思い出しても、納得のいく結果ではないでしょうか。綱引きに参加する人数が多ければ多いほど、一人ひとりが全力を発揮することは難しくなるものです。たとえあからさまに「手を抜こう」とは思わなくても、「これだけ人数がいるのだから、自分一人くらい全力を出さなくてもだいじょうぶだろう」という気のゆるみが生じるのです。つまり、人数が多いほど責任感が拡散してしまうわけで、まさに「社会的手抜き」なのです。

あらゆる組織のリーダーにとって、この「リンゲルマン効果」は勝利を阻《はば》む大敵となります。メンバーが元々持っている力が同等だったとしても、「リンゲルマン効果」が働いてしまった組織と、潜在能力までフルに発揮した組織とでは、パフォーマンスに数倍ないし数十倍の差が生じてしまうわけです。

では、リンゲルマン効果が働くのを防ぐために、リーダーがなすべきことはなんでしょうか?

それには「責任感の拡散」を防ぐことを考えればよいのです。

綱引きの例で説明するなら、参加するメンバーのうち一人に、「あなたにこの綱引きチームのリーダーをまかせるから、頼むよ」と言ったとしたら、どうでしょう。そのとき、相手の心には綱引きに勝つことに対する責任感が生まれます。そのため、ほかのメンバーにも真剣な顔で「がんばろうよ！」と声をかけるなどするでしょう。一人の心に生じた責任感が、ほかのメンバーにも波及するわけです。

リンゲルマン効果を防ぐ手立ての一つは、そのように組織を細かく分け、それぞれの部門ごとに責任者を決めることです。それは、一般企業でもよく行われている工夫でしょう。たとえば、同じ課の中でもプロジェクトごとにリーダーを決めるようなやり方です。

プロジェクト・リーダーに選ばれたなら、その人は課内の「その他大勢」ではなくなります。「自分の力で仕事の成否が決まるわけではないし……」という気持ちから生じていたリンゲルマン効果が、そのプロジェクト・リーダーに対しては働かなくなります。「私ががんばらないと、このプロジェクトは成功しない」――そんな責任感が生じるわけです。

そのように、「自分一人くらい」という気持ちを「自分がいなければダメなんだ」という気持ちに変えること。それがリンゲルマン効果を防ぐ方法です。

責任を与えるためには、何も「プロジェクト・リーダー」などという大げさなものにしなくてもかまいません。以下、経営者が行っている工夫の一例を挙げます。

神奈川県内に美容室チェーンを展開するある女性社長は、美容師一人ひとりの適性に合わせた「四班制」を考案し、各班に責任者を立てるやり方をとっているそうです。

技術指導がうまい人は「教育班」、接客のうまい人は「接客班」、新規顧客開拓が得意な人は「動員班」、コストカットなどに長けた人は「節約班」という四班です。そして、班ごとの目標も与え、その達成に向けて努力する仕組みも構築して、大きな成果を上げているとのことです。美容師という同じ役割の中で、各自の得意範囲を明確にし、そのことによって「自分でなければできないこと」をはっきりと自覚させる工夫であるわけです。

これは、さまざまな組織に応用可能な工夫だと思います。つまり、ただ責任を与えればそれでよいわけではなく、「あなたの力を認めるからこそ責任を与えるのだ」と、責任と同時にプライドを感じさせることが重要なのです。そのためには、「誰がやってもよいこと」の責任者にするのではダメで、「この役割はきみでなければできないからこそ、責任者をお願いするのだ」という自己報酬神経群を刺激する形でないと力が十分発揮しにくいのです。

責任とプライドがワンセットになってこそ、それがモチベーションにつながり、リンゲルマン効果防止につながるのです。

リーダーに求められる「決断のスピード」

言うまでもなく、組織にとっての大小さまざまな決断を下すことは、リーダーの大切な責務です。ゆえに決断力はリーダーの重要な資質の一つですが、ここで注意すべきは、「決断力」の中には「決断のスピード」があらかじめ含まれているということです。つまり、じっくり検討を重ねて決断を下すのでは、たとえ下した決断がどんなに正しかったとしても、「決断力のあるリーダーだ」とは言えないのです。なぜなら、リーダーに決断を求められるときには、一刻一秒を争うような火急のときが多いからです。

かのナポレオンは、行動のスピードを重んじたことで知られます。たとえば、ナポレオン軍が移動する速度はおよそ毎分一二〇歩だったそうですが、これは当時の平均的軍隊の倍近いスピードであったといいます。このスピードこそが、ナポレオン軍の強さの大きな要因だったのです。

『三国志』にも、「兵は神速を貴ぶ」という名高い言葉があります。軍を動かすには迅速機敏たることが何より大切だという意味で、「神速」とは「人間業とは思えない速さ」のことです。洋の東西を問わず、「行動のスピードにこそ勝利の鍵がある」ということを、古来、賢人たちはよくわきまえていたのです。それは、現代でも同じことでしょう。

むしろ、前近代より現代のほうが、スピードの価値ははるかに高まっています。グローバル化と高度情報化が極限まで進んだいまは、前時代とは異なり、瞬時に情報が地球の端から端まで伝わります。だからこそ、リーダーの決断のスピードもいっそう求められるのです。

リーダーの決断自体は正しくても、その決断を下すのがほんの少し遅かったために、取り返しのつかない事態になる――そんなことは、どの世界にもよくあります。にもかかわらず、いまの日本の政治リーダーには、そうした認識が足りないのではないでしょうか。

「自分の決断に全国民の生命が、明日の生活がかかっている。だから命がけで、できるだけ早く正しい決断をしなければならない」という緊張感が感じられないのです。

たとえば、尖閣諸島沖での中国漁船衝突事件（二〇一〇年九月）をめぐる政府の対応も、そうでした。あのとき政府は「国内法に基づいて粛々と進めるのみ」と述べました。「粛々と」には、「静かに・おごそかに」という意味を含みます。こうした言葉の選択それ自体に、迅速さに対する覚悟の欠如が感じられてならないのです。

私は、「わずかな決断の遅れが命取りになる」ということを、救命救急センター時代にいやというほど経験しました。運ばれてくる患者は、どの人も一刻を争う状況でした。ゆえに、「私たちが行った処置は正しかった。しかし、あと一〇分早く私があの処置を決断していたら、患者は救えたのではないか」――そう後悔した事例がたくさんあったのです。

当時、私は手術中に、執刀をまかせた後輩医師のやり方がもたついていてダメだと感じたら、その瞬間、執刀医のメスを無言で取り上げ、自分で執刀したものです。これは取り上げられた医師からすれば大変屈辱的なことで、ショックを受けたに違いありません。しかし、患者さんの命がかかっており、わずかな処置の遅れが生死を分かつ以上、後輩医師のプライドなどには構っていられなかったのです。

私は、その時代の苦い後悔の経験がトラウマになっているため、いまでも「待たされること」に何よりも弱いのです。たとえばゴルフをやっていても、前の客が詰まっていてコースがなかなか進まないと、イライラしてたちまち集中力が途切れ、スコアがみるみる下がっていきます。いまは、もっと社会に順応するこころの訓練を行っています。

そんなふうに、決断と行動のスピードが何より重んじられる世界を経験した私には、リーダーの決断のスピードがいかに大切かが、身にしみてわかっています。とりわけ、組織がなんらかの危機に襲われたときには、その危機に対応するスピードが厳しく問われます。たとえ正しい対応をしても、それが遅かったらなんの意味もないのです。

組織の多様性を適度に保つことが肝要

周知のとおり、地球上の生物多様性を守るための取り組みが、さまざまな形で行われています。生物多様性の保全がなぜ重要か、その理由はさまざま挙げられますが、ごく簡単に言えば、生物多様性が豊かであるほど滅亡のリスクが減るためです。

たとえば、ある致死的な病気をもたらすウイルスが地球に蔓延した場合、地球上の生物が多様であればあるほど、そのウイルスに対して強い生物もたくさん存在して、全滅のリスクが低くなります。また、個々の生物は虫媒花《ちゅうばいか》と虫のように互いに依存し合って生きている面がありますから、一つの種が滅べば、それに依存した別の生物も滅び……という形でドミノ倒しが生じかねません。

そのように、生物多様性が豊かであるほど、地球全体の生物が滅ぶリスクから遠ざかることができるわけです。

そして、このことはそのまま、組織のあり方にも敷衍《ふえん》することができます。多様性のある組織、すなわちいろんなタイプの人が集まっている組織ほど、変化に対しても強く、生き残りやすくなるのです。

たとえば、日本の高級官僚には東大出身の高学歴エリートが圧倒的に多いため、官僚組織には同質性が強く多様性に乏しい面があります。そのため、安定した環境下では非常に優秀ではあるものの、不安定環境になると意外に弱く、危機への対応能力もそれほど高くないとも言われることがあります。

生物学の概念に「ロバストネス」というものがあって、さまざまな変化に抗してその機能を維持する強さのことを指しますが、多様性の乏しい組織はそのような竹がしなって元に戻るような「しなやかな強さ」に欠けるのです。

リーダーが自分の周囲にイエスマンばかりを集めるのは組織にとって危険なことですが、その危険性を「多様性の乏しさ」という角度から説明することもできるでしょう。

多様性がない組織は、何かあったときにもろいのです。だからこそ、リーダーは自分に似た者ばかり集めてはいけませんし、イエスマンばかり集めてはなおいけません。「自分とは気が合わないが有能な人間」も意識的に組織に組み入れないと、強い組織にならないのです。

とはいえ、これはなかなかの難事です。つねに「統一・一貫性」を求める脳の仕組みからすれば、自分に似ている人、タイプの近い人に好感を抱き、そういう人ばかり集めて組織を作ろうとするのは本能だからです。多様性のある組織を作るためには、リーダーがその強固な本能に打ち勝つことが求められるのです。

しかし、生物の多様性と違って、人の組織は「多様性が豊かであるほどよい」というわけではありません。あまりにも多様でありすぎると、こんどは組織のまとまりがつかなくなってしまうからです。逆に、多様性がなく同質性が強い組織には、変化には弱いものの、団結しやすいという利点があります。

さきに挙げた「ロバストネス」は「システム生物学」と呼ばれる分野の中核概念ですが、このシステム生物学が教えるところによれば、ロバストネスはフラジリティ（脆弱性《ぜいじゃくせい》）とトレードオフの関係にあり、ある面のロバストネスを高めると別の面のフラジリティが増すそうです。それは組織についても言えることで、多様性によって得られる強さは、別の面から見れば弱さ・もろさにもなり得るのです。要は、「適度に多様」であることがいちばん望ましいということでしょう。

その際、重要なポイントは、組織全体に多様性は必要でも、指導者層は同質集団であってもよいということです。いや、「あってもよい」どころか、指導者層は同質集団であるべきなのです。企業でいうなら取締役、与党で言うなら閣僚たちは、組織全体を動かす司令塔ですから、そこに多様性があったら、組織が進む方向性が定まらず、右往左往してしまうからです。

リーダーの組織内情報管理は脳の伝達様式に学べ

リーダーには「聞く力」が何よりも求められます。「部下の意見を聞く。分野の異なる人の意見まで聞く耳を持つ」ことは、優れたリーダーになるための要件の一つです。

名将・武田信玄は、領内に「甲州法度之次第」という分国法（戦国大名が領国支配のため制定した）を発布したことでも知られますが、その中に「私のふるまいに悪いところがあれば、遠慮なく投書してほしい」という趣旨の一条があります。これは、封建時代の領主が定めた法律としては異例の条項と言われています。信玄は、諫言《かんげん》を聞く耳を持っていたのです。

世界最大のコングロマリット（複合企業）である米国の電機メーカー、GE（ゼネラル・エレクトリック）社は、幹部候補生教育の場で、「リッスン」――「聞く」ことこそがリーダーにとって最も大切な資質であると教えているとのことです。

そのように部下の意見に耳を傾ける姿勢は大事なのですが、注意しなければならないのは、それは「部下たちと同じ目線に立つ」こととは違うということです。

リーダーが部下にとって親しみやすいことはよいことですが、「部下と同じ目線」に立つのは、ときにデメリットを生じることもあるのです。

最近、「社長室のない企業」が少なくないそうです。つまり、社長も社員たちと同じフロアーに机と椅子を置く形で仕事をする企業です。そうした企業について紹介する記事を読むと、「社長室をなくしたことで、社長と社員のコミュニケーションがより濃密になった」というメリットが強調されています。

たしかに、コミュニケーションの効率は上がるでしょう。また、社長が一生懸命仕事をしている様子が社員に見えるため、それが社員のやる気を増す効果もあるでしょう。さらに、上司を通さなくても社長に直接わかってもらえるという利点もあります。そしてまた、社員同士の無駄な会話や電話のやりとりまで筒抜けになるので、みなが一定の緊張感を持って仕事をこなすことが可能になります。

その一方で、目の前の環境に統一・一貫性の本能が働いてこれまでの殻を破る新しい独創的なアイデアが生まれにくくなり、重要な決断も社員レベルになる傾向が生まれてきます。そればかりか、ときにしばらく秘密にしておきたい社外からの大切な情報や個人的な情報が指導者に集まりにくくなります。最も避けたいのは、指導者が判断を誤ると社員がカバーしにくいというデメリットです。これらのデメリットに対処する組織的・機能的なシステムをしっかりと作っていることが求められます。

それでは、人間の脳内の情報伝達様式は、どのようになっているのでしょうか。この伝達様式は企業の組織作りにおいても非常に示唆に富んでいるので、要点的にその内容を紹介することにします。

人間の脳内情報は、五感の耳や目や体の触覚を介して脳内に持ち込まれ、二つのルートに分かれてその情報を判断・理解する前頭葉に運ばれます。

ルートの一つは、「大脳皮質ルート」と呼ばれ、大脳皮質における神経細胞が近くの細胞と同期発火しながら、次々と起こる細胞同士の興奮を介して前頭葉に情報が伝わる方法です。組織になぞらえるなら、「これは大切な情報だからリーダーに伝えなくては」と思ったものは、誰もが関所なしに直接情報を伝えられる仕組みです。

もう一つは「深部ルート」です。脳の深いところにある、人間の気持ちや考えを生み出す「ダイナミック・センターコア」と脳中心部にある「A10神経群」という部位に情報が持ち込まれ、そこから前頭葉に集められるというルートです。ダイナミック・センターコアでは、その情報について「面白い」とか「これは危険だ」とかの判断がなされ、人間が生きてゆくために必要な自己保存本能が働く場所を介して、個人にとってよい情報も都合の悪い情報もすべて前頭葉に集められていきます。そして前頭葉でも再度、情報に対する判断が下されるのです。

つまり脳では、二つのルートを介してダブルチェックが行われる形で、外からの情報に対する判断や理解がなされます。そして、自分にとって必要な情報、「やってみたい」と思われる情報は、直ちに実行に移されます。

重要な点はここからです。ダイナミック・センターコアで「これは必要なものだ」と判断し、前頭葉でも「これは大切な情報だ」と、二つの脳機能システムが反応したものは、脳の神経細胞すべてに同時に情報がフィードバックされ、脳はそれを一つの概念として理解し、行動を起こすようになっています。

さらに、驚くのは、脳に取り込まれた情報に対して「これは面白い」と前向きのレッテルを貼るダイナミック・センターコアには、ものごとを判断する前頭葉もその機能の一部として取り込まれ、しかも、その中では何度も情報をくり返し重要な神経核に伝える、エンドレスの特殊な神経伝達回路が用意されているのです。

つまり、このくり返し情報を吟味するプロセスによって、そこから独創的な考えを生み出す仕組みを持っているのです。

このダイナミック・センターコアでは、ものごとを判断するリーダー役の前頭葉の神経核のみならず、それぞれの重要な役割を持った神経核が、互いの違いを認め合って連合することによってそこから人間の考えを生み出してくる形式をとっています。

つまり、情報の質的判断も、組織の中で異なる役割を持ったものが、互いの立場を認め尊敬しながら、いろんな角度からくり返しチェックする方法で行われているのです。

このような「脳の情報伝達様式」を手本として人間の組織の情報管理システムを作れたなら、今の社会組織システムはさらに大きく進化するのではないかと、私は考えています。

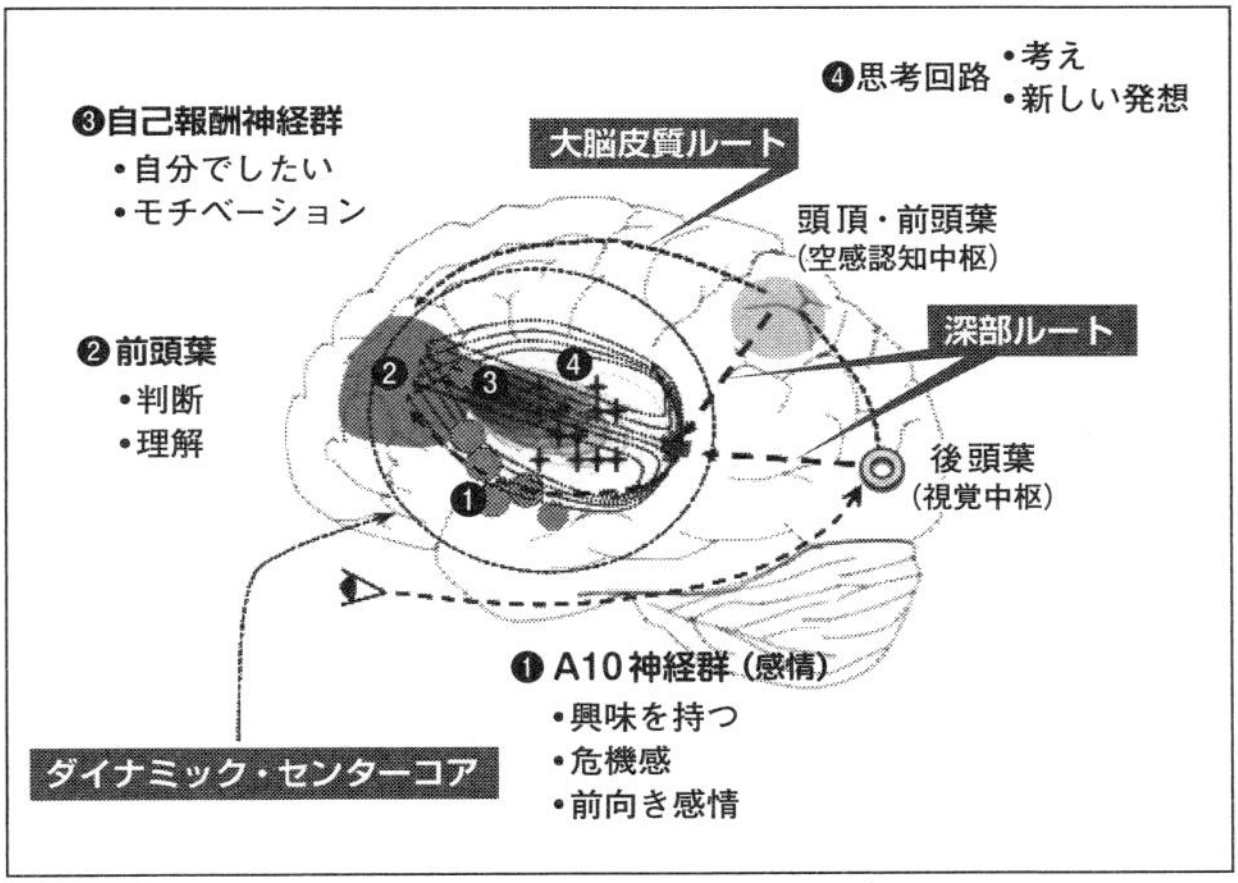

「ダイナミック・センターコア」図

有能なリーダーは「マイゾーン」を持っている

リーダーにふさわしいオフィス環境について、脳の仕組みからもう一つ別の話題を紹介したいと思います。

どんな分野のリーダーであれ、リーダーの主要な仕事は「考える」ことです。長期・短期の戦略を練り、人事や用兵について考え、さまざまな問題への対応を考える……。そのように、組織全体のことを視野に入れて「考える」ことこそが、リーダーの最も大きな任務なのです。「考える」ことをおろそかにして、リーダーが現場仕事ばかりにかかわっているようでは、組織は発展しません。

中小企業がダメになっていくパターンの一つに、「経営者に考える余裕がなくなる」ということがあります。

社長が資金繰りに苦しんで金策に駆けずり回っていたり、人手が足りず細かい現場仕事に忙殺されたりしているうちに、じっくり考える余裕がなくなってしまうのです。考えることがリーダーの本来の仕事であるのに、経営者に考える時間がなくなるのですから、当然、いろんなことがうまくいかなくなります。

打つ手がことごとく的外れになり、資金繰りや経営状態もますます悪化する悪循環に陥り、やがては倒産という「企業の死」に至るのです。

そうした失敗パターンにはまらないためには、リーダーがじっくり考えるための環境と時間を確保しなければなりません。私が「社長室のない企業」のデメリットを述べる背景には、そうしたゾーンに入って深く考える環境が不十分と感じることがあります。

社長室とは、経営者にとって「シンキング・ルーム」、すなわち「考えるための部屋」なのです。そして、社長秘書の仕事の一つは、社長室の中で社長がじっくりと考える「シンキング・タイム」を確保することです。あとで対応すればよい電話などは秘書が受け、一定時間、社長の周囲から雑音をシャットアウトするのです。

そうした時間を確保せず、社長の予定を毎日隅から隅までビッシリ埋めてしまうようでは、たとえいまはよくても、その企業はやがて衰退していくでしょう。

では、脳の仕組みから見て「シンキング・ルーム」にふさわしい環境とは、どのようなものでしょうか？

まず、豪華な調度品などはいっさい必要ありません。そんなものは、社長の威厳を演出するために必要なだけで、考えるためには邪魔になります。広すぎる社長室も、シンキング・ルームにはふさわしくありません。むしろ、落ち着いて考えるためにはある程度狭い空間のほうが好ましいのです。

目を開けていても、目を閉じていても、ものごとを判断する前頭葉が本能として望む統一・一貫性が常に保たれている環境のスペースを作ることです。

このスペースで集中力を高め、すばらしい才能を発揮することを、「ゾーンに入った」と表現します。

人間の本能が望むつねに一定の統一・一貫性の環境が保たれるスペース、このマイゾーンに入って、くり返し、何度も考えることがリーダーにとって大切なことです。

有能なリーダーは、シンキング・ルームの中に、「この空間に身を置けば、どんどん仕事も進むし、いいアイデアがバンバン浮かぶ」マイゾーンを持っているものです。

社長室も社長秘書も持たないリーダーの場合、自らの努力と工夫で、「シンキング・ルーム」と「シンキング・タイム」、それに、マイゾーンを工夫して確保することを勧めます。

その場合、「シンキング・ルーム」は広い部屋である必要はなく、デスクと椅子やパソコンなどがワンセットになった狭い一角があればよいのです。

その一角をマイゾーンにするためには、統一・一貫性の環境が崩れる「よけいなもの」を一切置かないことです。

考えを巡らす仕事に関係のない本や書類は、目に触れないところに片付けておくべきです。同様に、見晴らしのよい窓がデスクの前にあるというのも、かえって思索の邪魔になります。

脳は新しい情報に瞬時に反応する癖を持っているので、窓から見えるものがいちいち情報として脳に入ってきてしまうからです。よけいな情報が脳にたくさん入ってきて、ゾーンに入った集中力が保てないのです。

独創的な考えは、間をおいてくり返し考えることによって、従来の考えにとらわれることなく生まれてくる仕組みになっています。その際、マイゾーンは独創的なことを考える場所として非常に有効です。

独創性は、何も芸術家や学者にだけ必要なのではありません。企業経営者が経営戦略を練るにも、スポーツの指導者がチームの闘い方を考えるにも、レベルの高い仕事をするためにはやはり独創性が不可欠なのです。シンキング・ルームの中のマイゾーンは、その独創性を生み出すための大切な空間なのです。

マイゾーンを作るための条件は、従来の知識や過去の記憶に引きずられないためによけいなものを一切置かない「環境の統一・一貫性」を保つことです。つまり、慣れ親しんだ環境を保ち、デスクの前に座れば目を閉じていても何がどこにあるのかがわかる状態を保つということ。そのような場所であってこそ、脳はこれまでにない新しい思索に集中することができるのです。

したがって、デスク周りの模様替えをしたり、手帳などの文房具を換えたりすることは、できるだけ避けるべきです。環境をわずかでも変えるたびに、マイゾーンの統一・一貫性が損なわれ、思索に悪影響を与えるのです。

逆に言えば、出張先のホテルの机などでも、自宅やオフィスのマイゾーンの状態にできるだけ近づける工夫をすれば、その分、環境の統一・一貫性が保たれ、仕事がしやすくなります。たとえば、いつも使っているノートパソコンや筆記用具、手帳を、マイゾーンと同じ位置に配置するのです。それだけのことで、出張先での仕事の効率がぐっとアップするはずです。

『ノマド出張仕事術』(上田渉著/実業之日本社)という本に、出張先でデスクワークをする際の工夫として、次のような記述がありました。

「移動空間で仕事をする場合、そこに自分のオフィスを再現するのがおすすめです。

オフィスと同じ、自分にとって最も仕事しやすい空間を、どんなところにも作る(自分用に空間をカスタマイズする)のです」

これができれば、いつでもどこでもオフィスにいるときと同じ早さで仕事ができます。

つまり「マイゾーンに近づける」ための工夫として、脳の統一・一貫性の仕組みからも理にかなったアドバイスと言えます。

なお、最近、オフィスに「フリーデスク制」（ノンテリトリアル・オフィス）を導入する企業が増えているそうです。デスクやスペースを個人用に割り当てず、複数の人間が共同で使用する方式のことです。さきに挙げた「社長室のない企業」と同じで、社員相互のコミュニケーション向上を目的とした試みなのでしょう。

しかし、脳の仕組みから言えば、環境の統一・一貫性を好む人間の本能、しかもものごとの判断や思考の基盤となる本能を満たさない環境なので、脳の力を十分発揮しにくく、独創的な発想が生まれにくいのです。

事実、日本を代表する企業から「生産性はフリーデスク導入前よりも低くなった」という相談をいくつも受け、その改良によって立ち直った企業もあります。効率を求めるフリーデスクには思わぬ脳の落とし穴があるのです。

「前向きな明るい心」こそ、名リーダーの第一条件

よく、「逆境が名リーダーを作る」と言われます。「大きな逆境を経験していることが、名リーダーとなるための必須条件」なのだ、と……。

その理由は、いろんな創意工夫によってあらゆる困難を乗り越えてきたという成功体験が生まれてくるからです。つまり、人間は地位や環境によって育つことを示唆しているのです。

むろん、名リーダーになるには、逆境を乗り越える体験がなくても、その資質を持っていれば十分なれるわけですが、体験の有無にかかわらず、仕事を成し遂げる人とできない人の違いについて、脳の仕組みから考えてみることにします。

人間がものごとを成し遂げる機能として、脳は自己報酬神経群を持っています。この神経群は、ダイナミック・センターコアの脳の深部にわたる神経群で、脳の神経細胞は一般に、先に行くにしたがって情報が先広がりに広がる神経伝達となっているのに対して、こ

の神経回路は先に行くにしたがって回路が少なくなる収束伝達回路をなす特徴を示しています。

ものごとを成し遂げるためには「情報を一つにまとめてゆく力」とドーパミン系神経群が大きな役割を担っているので、ドーパミン系神経群が脳機能として持っている「性格を明るく前向き指向にする力」を鍛えておく必要があります。前向きで明るい人なら逆境も前向きに受け止め、成長の糧にできますが、後ろ向きで暗い人は、逆境でますます心がねじれ、ダメになっていくのです。

したがって、リーダーにとって最も大切な資質は、「逆境を乗り越えた経験」と共に「前向きで明るい心」です。

それでは、ものごとを成し遂げる自己報酬神経群の機能とはどんな機能でしょうか。どのようにしたら、ものごとを成し遂げる才能が磨かれるのでしょうか。

第一章でも少し触れましたが、「自分で考えたことを自分で成し遂げることを、自分に対してのごほうびとしている」のが自己報酬神経群です。

人間の脳機能は本能を基盤に心と一体で機能しているので、望み・欲望・夢という心、もっとわかりやすく具体的に言えば、「自分が考えたことを、夢を持って、モチベーションを高めてワクワクと最後までやり遂げること」によって、自己報酬神経群の機能、つまり「ものごとを成し遂げる能力」を高めることができるのです。

愚痴が多い、否定語が多い、上司に言われないとしない、最後までキッチリやり遂げる習慣を持たない、最後までやり遂げていないのに終わりに近づくと「だいたいできた」と考える、夢がない、モチベーションが低い、達成の仕方までこだわっていない、性格が前向きでない、ものごとをまとめる力が弱い……それらの条件はすべて、ものごとを達成する能力が低く、指導者としての資質が欠けていることを示しています。

逆に、「自分で手がけたものは、誰にも負けない、他の人の追随を許さない仕事をやるのだ」という信念を大切にしていれば、そのことが自己報酬神経群の機能を高めるのです。

このことを示唆する実話を、いくつか紹介します。

人気腹話術師の「いっこく堂」氏は、従来、腹話術で出すことは不可能とされてきたマ行・パ行・バ行の発音を、世界で初めて成し遂げた人です。彼はもともと俳優志望であり、一九九二年にまったくの独学で腹話術を始めました。図書館で腹話術の入門書を借りるところからのスタートだったそうです。

その入門書に、「腹話術では、マ行・パ行・バ行の発音は絶対に不可能です」という一行を見つけたとき、彼はこう思ったのでした。

「じゃあ、もしも俺が腹話術でマ行・パ行・バ行を発音できるようになったら、世界初の快挙だ。よーし、やってやる！」

彼はそのとき、腹話術の基礎の基礎すら身につけていなかったのです。並の人間なら、本に不可能と書いてあったのを見た段階で、あっさりあきらめていたでしょう。しかし、いっこく堂氏は「不可能」の文字を見て、むしろファイトを沸き立たせたのです。この前向きで明るい考え方こそ、彼を一流の腹話術師にした原動力でしょう。そして、血のにじむような努力の果てに、ついに、マ行・パ行・バ行の音を腹話術で自在に操れるようになったのでした。

もう一つ例を挙げます。

米国の心理学者マーティン・セリグマンは、前向き指向主義が人間の生き方にどのような影響を与えるかを詳細に研究しました。彼はその研究の中で、面白い試みを行っています。米メジャー・リーグのワールド・シリーズでどのチームが優勝するかを、リーグ全球団の監督と選手の「前向き指向観度」「後ろ向きの悲観度」から予測してみせたのです。前向き指向観度の測定に用いたのは、スポーツ新聞に載った監督や選手のコメントでした。シーズンを通してスポーツ紙に載った各チームの選手・監督のコメントを分析し、そのシーズンにおいてどのチームがより前向き指向観度が強いかを、セリグマンははじき出したのです。そして、最も前向き指向が強いチームがワールド・シリーズの覇者となることを予測し、二年連続で見事に当ててみせたのでした。

セリグマンはそのときの分析結果について、次のように述べています。

「前向き指向的なチームは前年の勝率よりもよい成績をおさめ、後ろ向きの指向の悲観的チームは悪い成績に終わった。プレッシャーのかかる状況では、前向き指向的なチームはよく打ち、後ろ向き指向チームは打てなかった」

セリグマンの研究で一つ興味深いのは、前向き指向の性格を生まれつきの性格とはとらえず、日々のかんたんなトレーニングによって誰もが習得できる「スキル」だとしていることです。たとえば、トレーニングの一つとして、心に何か悲観的な暗い考えが浮かんだとき、即座に「その考え、ストップ！」と心の中で叫び、悲観的考えを打ち消すクセをつけろと、セリグマンは言います。それをくり返すうち、少しずつ考え方が前向き指向になっていくのだ、と……。

この説明は、自己保存の本能に対し、心理学の概念で人間の対応を説明しているのですが、正確には、これまで述べてきた自己報酬神経群の機能を中心とする本能と心の仕組みの話なのです。

このスポーツの話は、人間の考えと行動が一致して発揮される「心技体の才能」が関係しています。

一般に、考えたことをすぐに行動に移すのは危険を伴います。たとえは、「あいつが嫌いだ。殴りたい」と思った瞬間に相手を殴ってしまったら、そのことで人生をしくじりかねません。

脳は、このようなことが起きないように歯止めがかかるシステムを持っています。しかし、プロスポーツの世界でスーパープレーを行うためには、この運動系神経回路の歯止めシステムを外す必要があります。その役割を担っているのが、性格を前向きにするドーパミン系神経群なのです。性格を明るく前向き指向にしないと、スーパープレーの才能を発揮しにくいのです。したがって、セリグマンの研究を解説するにはもっと奥の深い説明が必要になるのですが、本書の目的から外れるので、この話はここで止めることにします。

いずれにしても、リーダーたる者は、前向きで明るい考え方を大切にし、日々努力を重ねてゆくことが必要です。そうすることで、ものごとを成し遂げる達成率を高めてゆけるのです。

組織のリーダーなら、あるいはリーダーを目指すなら、毎日聴く音楽や読む本、周囲の人と話すときの言葉遣い、さらには服装などに至るまで、あらゆる面で、「前向きで明るい自分」に変わっていけるようなものを、意識的に選択していくことが大事です。それを日々くり返していけば、後ろ向きで暗い人も、少しずつリーダーにふさわしい心に変わっていけるはずです。

第3章

勝敗よりも「勝ち方」にこだわれ
～勝つための組織作り

具体的に達成可能な目標は脳を同期発火させる

この章では、さまざまな勝負に「勝つ」ための組織作りの要諦について考えてみましょう。

組織が勝負に勝つためには、合言葉となる目的を明確にし、それを具体的に達成するための的確な目標を設定し、その目標に向かってみなが一丸となって進む態勢を整える必要があります。つまり、目標設定はリーダーの大切な役割の一つなのです。

的確なよい目標を設定し、それをグループ全員に提示することによって、メンバーの脳を同期発火させることができます。言いかえれば、よいリーダーの条件とは、誰もが「なるほど、やってやる」という気持ちになれるような、同期発火が起きる目標設定ができることなのです。

それには、人間の考えや気持ちを起こす基盤となる本能から外れない目標設定が必要です。具体的には、自我の本能を満たす夢を語る、統一・一貫性の本能を達成する連続優勝を目指す、自己保存の本能から生まれる自尊心やプライドを高める、あるいは、共存を目指すチームのためにといった内容が、目標の中に含まれていることが必要です。

目標が決まったら、次に、ものごとを達成する自己報酬神経群の機能をいかに高めるかがポイントになります。

まだ勝負の途中なのに、「だいたい勝てそう」「もうすぐ終わりだ」「金メダルはとれそうもない」などというふうに結果を考えてしまうと、自己報酬神経群はその機能を終えてしまったと判断し、頭を働かすために必要な脳の代謝や血液の流れまで、瞬時に減少させてしまうからです。

これらの、脳が持っているピットフォール（落とし穴）にはまらない方法として「最後の最後まであきらめない」ことが大切と言われていますが、もっと効果的な方法として、「勝ち方にこだわる。あるいは、達成の仕方にこだわる」方法を私は推奨します。このほうが、「最後まであきらめない」よりも自己報酬神経群の機能を前向きに高めることができるからです。

ミサワホームの創業者・三澤千代治は、「社長の仕事は、社員に夢を与えることだ」との名言を遺しています。また、「世界のホンダ」――本田技研工業の創業者・本田宗一郎は、会社がまだ浜松の小さな町工場であった時代から、社員たちに「世界一のオートバイ・メーカーになろう」とくり返し語りつづけました。最初は本気にしなかった社員たちも、リーダーが何度もくり返し正論をあつく語ると、統一・一貫性の本能が働いて、「この人についていけば世界一になれる」と思うようになるのです。

むろん、そのためには、同期発火を起こすために必要な、「みなから尊敬される」人格をリーダーが鍛えていることが大切になります。

リーダーがよい目標を設定するということは、言いかえれば、その目標によって部下に「夢を与える」ことです。「まるで夢のように大きな目標だけれど、この人についていけばそれが実現できそうだ。がんばろう」と部下が思えるような目標、部下をワクワクさせる目標を示すことによって、メンバーの脳が同期発火するのです。

夢を語るときに大切なことは、大きな目標の夢と、それを具体的に達成するための短期的目標――いわば小さな夢――の二つを語ることです。

「金メダルを取るぞ！」といくら言っても、そこまでの道筋がまったく具体的でなければ、脳は動きません。「とにかくがんばるんだ！」という空疎な精神論ではダメなのです。

具体的な達成方法を示す夢を語らないと、脳は正確に機能しないのです。ことが起きたとき、誰が失敗したとか、それはどうしていけないかなどという批評をするのは得意でも、具体的に自分流の解決方法を示すことがあまり問われない風土が日本にあるように思います。

具体的な達成方法、達成の仕方まで極める解決方法、そこまでやるのかと思わせる解決方法を示すことが、ものごとを成し遂げるリーダーの条件なのです。

目標は話し合って決めてはいけない

社長室を持たない企業が増えるなど、昨今は威厳のあるリーダーより親しみやすいリーダーのほうが好まれる傾向があります。

リーダーが民主的で親しみやすいこと、それ自体はよいことです。しかし、民主的な組織運営を目指すあまり、すべての目標を話し合って決めるのは、一定の厳しい期限をつけることが難しくなる、統一・一貫性の本能が働くので常識を打ち破る新しい発想を遂行することが難しくなる、などの理由によって、必ずしもよい方法とは言えないのです。

モチベーションが低い会社では、「会社でいい思いをしよう」と思っているだけの者もいれば、表面だけがんばっているふりをして上手に手を抜く者もいます。そんな人たちの意見まで公平に取り入れていたら、厳しい目標を達成することなどできません。みなが互いに自分の立場を守ろうとして、切り崩しが始るからです。

厳しい目標、「いつまでにこの目標を達成する」という期限、これまでのやり方では到底頭に浮かばない独創的な目標を決めるのは、みんなの仕事ではなくリーダーの仕事です。そしてリーダーは、誰もが「それならがんばれる」と納得できるような夢をくり返し語ることが大切です。

その目標を達成するための細かい方法については、みなで知恵を絞りながらアイデアを求め、お互いに話し合って決めるのです。この段階でこそ、みなの意見を十分に聞くことが大切です。「もっといいやり方があったら、遠慮なく言ってくれ」と……。そして、取り入れられる意見はどんどん取り入れ、反映させてゆくのです。

なぜなら、具体的に目標に向かっての努力をしていくのは、部下たちだからです。

理念と目標の両方が必要

リーダーの力量は、優れた目標を立てられるかどうかにあらわれます。

「優れた目標」とは、メンバーがその目標のことを考えるだけでワクワクと働いている意義を感じ、仕事をすることによってますます元気になれる目標のことを言います。

忙しい日々がつづいて疲労困憊しているときにも、その目標のことが頭に浮かぶと、「そうだ。目標のためにがんばろう！」と疲れも吹っ飛ぶような目標。メンバーがそんな目標を共有している組織は、どんな困難な状況になっても強く、各メンバーの力量を最大限に発揮することができます。

逆に、リーダーがいくら口を酸っぱくして目標のことを強調しても、メンバーがそれを「自分たちの目標」と感じられなければ、それはたんに「上から押しつけられた目標」になってしまいます。

「優れた目標」には、三つの条件があります。第一に、「組織の目的を達成するために必要な目標であること」、第二に、「みながんばることによって達成が可能であること」、そして第三に、「社会への貢献を大切にしている目標であること」です。

あまりに高すぎて実現可能性がほとんどない目標は絵空事になってしまいますし、逆に、あまりに低すぎる目標は目標の名に値しません。実力を最高度に発揮すれば手が届くぎりぎりの線上にあり、なおかつ、達成することが勝利の歓喜につながる目標でなければならないのです。

言葉で言えばかんたんそうですが、そのような適切な目標を設定することは、リーダーにとってなかなかの難事です。なぜなら、「手が届くぎりぎりの線上」がどこなのかを判断するためには、その組織の力量、一人ひとりの力量をリーダーが正確に知っていなければならないからです。

また、目標は具体的に数値化できるものでなければなりません。目標に向かって進む間、ときどき目標達成度を検証し、軌道修正しなければならないからです。数値化できる目標でなければ、達成度を測ることもできません。

その際、重要な点は、数値に置き換えられる目標だけでは組織を動かすには不十分だということです。具体的な目標のほかに、「なぜその目標を目指すのか？」という理由づけとなる理念、ないしは大義が必要なのです。

たとえば、「五年以内に売り上げを二倍にする」という目標を掲げた企業があったとします。その企業の全員が、「なんのためにその目標を目指すのか？」という大義・理念を共有していることが大切なのです。それがあるとないとでは、目標に向かって前進するエネルギーがまったく違ってきます。

しかし、その「なんのため」が、「社員全員がもっと裕福になるため」というものであったなら、それは理念でも大義でもありません。理念・大義とはもっと利他的な、社会に目を向けたものであるべきなのです。

たとえば、私が大学病院の救命医療チームを率いていたころ、「世界一の救命医療チームになる」という大目標を掲げ、その大目標を具体化した、数値に置き換えられる中目標・小目標をつねに掲げていました。そして、「なんのためにその目標を目指すのか？」という大義は、「一人でも多くの救急患者の命を救うため」でした。

「人の命を救う」という、これ以上はない崇高な大義を掲げていたからこそ、私たちのチームはメンバー全員が自分の力を最大限発揮できました。「患者のため」という大義のもとに、みなが団結できたのです。

どんなに疲れていても、「目の前の患者が助かるかどうか」という瀬戸際にあっては、疲れなど吹っ飛んでしまったものです。このように、目標に向けて前進するための大きなエネルギーとなるのが、大義であり理念なのです。

もちろん、「人の命を救うため」という大義はかなり特殊なものであって、医師などの命を救う職業でなければ掲げにくいところでしょう。べつに、命にかかわることでなくてもよいのです。ただ、「世のため、人のため」という、脳の神経細胞由来の「仲間になりたい」という誰もが持っている人間の本能に合致していることが重要なのです。

「大義」という言葉には、「人間として踏み行うべき最も大切な道」「重要な意義」「大切な意味」という意味があります。たんに「金儲けのため」「私利私欲のため」であったなら「大義」とは呼べないのです。

たとえば、先に例として挙げた「五年以内に売り上げを二倍にする」という目標を掲げた企業が、東日本大震災の被災地にある企業だったとしましょう。その場合、「売り上げを二倍にすることによってその利益をどのように社会に還元するか」という目標に変えると、その目標は復興のシンボルとなって他の被災者を勇気づけ、被災地を応援している人々を喜ばせることにつながります。したがって、「売り上げを二倍にする」という、それだけでは利己的になりかねない目標に、「被災地の人々を勇気づけるため」という大義が生まれるのです。

営利企業は利益を上げなければ存続できません。だから利益を上げることは大切ですが、それはけっして目的ではないはずです。利益を上げることによって社員を幸福にし、社会に貢献することこそが、企業の真の存在理由なのです。

人間は、脳の仕組みから考えても、「世のため人のため」になる行動を喜びと感じる本能があります。したがって、「大義」があったほうががんばれるのです。

プロ野球の名打者が、難病に苦しむ子どものもとを訪れ、「ホームランを打つ」という約束をする。そして、その約束を果たすためにがんばり、約束どおりの大活躍を果たす——そのようなエピソードを、あなたも聞いたことがあるでしょう。人間は、自分だけのためにはなかなかがんばれないものですが、「誰かのため」「みんなのため」という大義を持ったとたんに、思いも寄らない力を発揮してがんばるものなのです。だからこそ、組織には目標だけではなく理念・大義が必要なのです。

しかし、理念・大義というものは、リーダーが一度や二度みなの前で語っただけで共有できるものではありません。リーダーが考える理念を、何度も何度も、折にふれてしつこいくらいに語り、時間をかけて浸透させていく必要があるのです。

毎朝の朝礼で、創業者が立案した企業理念を全員で唱和している企業が少なくありません。そうした習慣を「昔の軍隊みたいでいやだ」と感じる人もいると思います。しかし、これは大切なことなのです。何度もくり返していると、人間の統一・一貫性を求める本能によって、それが社員にとってものごとを判断・理解する際の基盤となり、その考えを破ると気持ちが落ち着かないとか罪悪感が生まれてくることになります。くり返し、わかりきったことを行うことも、モチベーションを上げる仕組みになるのです。

「会社案内」の最初のページに書くとか、理念を書いた額を社内に飾っておくということくらいでは、なかなかその理念をすべての人が共有することが難しく、たんなるお飾りになってしまう可能性が高いのです。

リーダーの重要な役割の一つに、「重要な決断を下す」という役割があります。眼前にいくつもの道があって、「どちらへ進むべきか？」という判断を迫られる場面が多々あると思います。そんなときに進むべき道を指し示す羅針盤となるのも、その組織がなんのためにあるかを記した「理念」なのです。

リーダーは、重大な判断に迷ったら、その組織がそもそも何を目的にしているのかという理念に立ち戻るべきです。そして、理念に合った道を選べばよいのです。

ところが、多くのリーダーは、判断に迷ったときに目の前の環境に惑わされてしまい、目先の損得で道を選びがちです。理念を羅針盤として進むということは、なかなかの難事なのです。その難事ができるリーダーこそ、真に優れたリーダーといえましょう。

目標だけあって理念・大義のない組織が弱いように、理念だけがあっても組織は力を発揮できません。なぜなら、理念は抽象的で、「どれくらい達成できたか」という検証ができないからです。理念のほかに、その理念を具体化した、数値に置き換えられる目標を立てることが不可欠なのです。

つまり、理念と目標は、組織を牽引するための車の両輪であって、両方必要なのです。

「勝ちグセ」をつけるための方法

ビジネス書や自己啓発書の中には、「勝ちグセ」という言葉がタイトルに入ったものが数多くあります。いくつか拾ってみると、『まずは、「勝ちぐせ」をつけなさい』『〝勝ちぐせ〟をつけるクスリ』『勝ちぐせ経営のすすめ』『人生に〝勝ちぐせ〟をつける本』などという具合です。

「勝ちグセ」、あるいはその反対の「負けグセ」というものは、たしかにあると思います。それは脳科学的見地からも言えることです。

すでに何度も述べてきたとおり、脳には「統一・一貫性」を求める本能、そして逆に「統一・一貫性」から外れたものを嫌う本能があります。「勝ちグセ」とは、言いかえれば「いつも勝っていること」がその人や組織にとっての「統一・一貫性」になっている状態です。したがって、脳は「勝っている」状態、「勝ちに向かっている」状態を「あたりまえ」ととらえ、そこから外れるものを排除する方向に力を発揮するのです。

たとえば、プロ野球の巨人軍にはかつて「Ｖ９時代」というものがありました。一九六五年から七三年にかけて、巨人が九年連続してプロ野球日本シリーズを制覇した時期を指します。いまでは考えられないような偉業ですが、あの当時の巨人は間違いなくチーム全体が「勝ちグセ」のついた状況にあったといえます。

もちろん、王・長嶋という二人の名打者がそれぞれ全盛期にあったことなど、巨人の戦力が圧倒的に高い時代だったことはたしかです。しかし、九年連続日本一というのは、戦力の高さだけでは説明しきれない奇跡のような出来事です。

おそらく当時の巨人の選手たち、そして監督・コーチ陣は、全員が「勝ってあたりまえ」という精神状態にあったのでしょう。言いかえれば「負ける気がしない」という状態です。そのため、あらゆることが勝利に向かうための好循環となり、彼らの実力を最大限に発揮させたのです。

では、そのような「勝ちグセ」を、意図してつける方法はあるのでしょうか？

たとえばボクシングの世界では、「将来チャンピオンを狙わせたい」と期待する大型新人選手に、あえて弱い選手との試合を組ませるということがあります。そのことでまず「実戦に勝つ」という経験をさせ、自信をつけさせるわけです。

そのように、成功体験をさせることが本人の自信につながるということは、たしかにあります。

たとえば、勉強の苦手な中学生がいたとします。その子が何かのきっかけで英語を猛勉強し、英語の成績が急激に上がると、それにつられてほかの教科の成績も上がるということが、まま起こります。それまで「どうせ俺は勉強が苦手だから」とあきらめて意欲を失っていたのが、英語の成績が上がったことで「俺はやればできるんだ」という心理に変わり、ほかの教科にも好影響を与えるのです。

しかしそうしたことは、新人選手の「はじめの一歩」や、劣等生の背中を押すことに効果的ではあっても、「勝ちグセ」とまではいかないのではないかと思います。

たとえば、高校野球のチームが「勝ちグセをつけよう」として格下のチームとばかり練習試合をし、勝ちつづけたからといって、けっして「勝ちグセ」はつかないはずです。なぜならその場合、相手校が自分たちより格下であることは、当の選手たちがいちばんよく知っているからです。格下の相手と試合して勝つのは当たり前であり、そんな勝利をいくら重ねても、格上のチームと対戦するときの力にはならないからです。

「格下相手とはいえ、これくらい勝ちの経験を重ねれば、そろそろ『勝ちグセ』がついただろう」などと思ってみても、無駄なこと。実際に格上のチームと対戦し、「あれ？　いつもと違う」と思った瞬間、それだけでもう「勝ってあたりまえ」という心理状態はジ・エンドです。

では、どうすれば「勝ちグセ」がつくのでしょう？　一つのヒントとして、社会人野球（東芝野球部ブレイブアレウス）の例を挙げましょう。

東芝野球部は都市対抗野球で七回の優勝経験を持ち、プロ野球選手も数多く輩出してきた名門です。私は少し前に東芝に講師として呼ばれ、「勝てるようになるための心構え」についてレクチャーしたことがあります。

私のアドバイスをふまえて東芝野球部がどうやって「勝ちグセ」をつけたかというと、九回まである野球のイニングのうち、終盤の三回——七・八・九回を「マイゾーン」と考えることによってでした。

「林先生、七回、八回、九回は東芝のゾーンに決めました。練習のときからそのことを意識し、勝ち負けではなく勝ち方にまでこだわって勝負したら、全国制覇を成し遂げることができました」と、監督さんからお礼のメールをいただきました。

ここで「マイゾーン」というのは、「ここに入ったらもうこっちのもんだ」と、メンバー全員が共通して感じられる領域という意味。私の造語です。

前章の「有能なリーダーは『マイゾーン』を持っている」の項で、私はそのマイゾーンを、「この空間に身を置けば、どんどん仕事も進むし、いいアイデアがバンバン浮かぶ」という自分専用の場所のこととして説明しました。しかし、ここでいう「マイゾーン」とはもちろん場所ではなく、試合の終盤という時間帯を指します。

東芝野球部では、試合が七・八・九回にさしかかるたび、「よし、いまから東芝のマイゾーンだ。もうこっちのもんだ」と思い込むようにしたのです。統一・一貫性の本能を生かすために、試合のときだけでなく、ふだんの練習のときでさえ、そのように思い込むトレーニングを重ねたとのことでした。「よし、七回だ」と思ったら、「もうこっちのもんだ」と思うクセをつけたのです。この効果は絶大で、一時期の低迷を乗り越え、二〇一〇年の都市対抗野球では七度目の優勝を果たしました。

なぜ、東芝野球部は七・八・九回をマイゾーンに定めたのでしょうか？

普通、七・八・九回といえば、「こっちのもんだ」どころか、勝ちを意識してしまって緊張し始めるイニングスです。野球で七回を「ラッキー・セブン」と呼ぶとおり、七回付近に試合の大きな潮目が訪れやすいのは、一つにはその緊張のためでしょう。

また、緊張とは逆の弛緩《しかん》も、七回あたりから起こりやすくなります。勝っている試合が七回まで来たら、「今日はもううちの勝ちだな」と思ってしまい、気がゆるみがちなものです。そして、「もう勝ちだな」と思った瞬間、脳の血流は一気に低下し、身体パフォーマンス能力もガクッと低下します。平たくいえば隙が生まれるわけです。

東芝野球部はそのことをよく知っているからこそ、あえて七・八・九回を「マイゾーン」に設定しました。つまり、相手に隙が生まれる思考の仕組みまで利用して勝ちに行ったのです。

終盤三回を「マイゾーン」ととらえていれば、自分たちが勝っているときにも気がゆるむことはなく、むしろ七回が来ると同時に気が引きしまり、脳の血流が増え、パフォーマンスが向上します。そのことで、相手につけいる隙を与えないようにできるのです。

また、逆に自分たちが負けている場合には、七回に入ると「よし、ここまでは負けていたが、ここからマイゾーンだから逆転するぞ」と意識が高揚し、「もう勝ちだな」と思った相手チームの隙をつくことができます。どちらに転んでも、「七・八・九回はマイゾーンだ」という意識でいたほうが、よい結果をもたらすわけです。

以上の例は野球の話ですから、ヒントにはなっても、ビジネスなどにそのまま応用することはできません。

一般法則として抽出するとしたら、まず第一に、「勝負の途中で『勝った』と思ってはいけない」ということが挙げられます。「勝った」と思った瞬間に気がゆるみ、パフォーマンスが劇的に低下するというのは、野球にかぎらず、すべての勝負について言えることです。

日本中のサッカー・ファンを落胆させた「ドーハの悲劇」を、みなさんもご記憶のことでしょう。一九九三年十月、翌年のワールドカップのためのアジア地区最終予選日本代表最終戦で、日本代表がイラク代表に、試合終了間際のロスタイムに同点ゴールを決められてまさかの敗退を喫したことを指す言葉です。

あのとき、日本代表のメンバーたちは、まさに「勝ったと思ってしまった」のです。格下のイラクを相手にした試合で、しかももうあとはロスタイムだけ。「もう負けるはずがない。勝った」――そう思った瞬間に気がゆるみ、脳の血流も下がり、選手たちのパフォーマンスは一気に低下したのでした。イラク代表チームは、その一瞬の隙をついたのです。

スポーツの試合にかぎらず、あらゆる勝負ごとにおいて、「ドーハの悲劇」のようなことは起こり得ます。いや、勝負ごとにかぎった話ではなく、一般の仕事についても言えることです。

たとえば、文章を書くなどの何か頭を使う仕事が、一日に三つあったとします。そのうちの一つを終わらせたとき、「終わったあ！」と頭の中でホッとすると、その瞬間に緊張の糸が切れ、二つ目の仕事に向かう意欲が急速に薄れてしまいます。「お茶でも飲んで一息入れてから、次の仕事に取りかかろう」と思っても、一度切れた緊張の糸は元に戻らず、意欲も戻らず、けっきょく残り二つの仕事は次の日に先送りしてしまった……そんな経験を誰しも持っていると思います。

この場合、「終わった」と安心することは「勝った」と思うことに等しく、パフォーマンスを著しく低下させる行為なのです。

「勝つこと」よりも「勝ち方」にこだわる

スポーツの試合において大差で勝ったまま終盤を迎えた場合、誰でも「もう勝てそう」あるいは「もう勝ったな」と思ってしまいがちです。野球でも、あと一勝でリーグ優勝が決まるといった状態になると、なかなか勝てなくなります。これは、どうしてなのでしょうか。それは、脳の自己報酬神経群がもう勝ったという結果を意識すると、途中なのに脳では「もう終わった」という反応をしてしまう脳のクセから起きる現象なのです。その結果、脳の代謝や脳の血流まで低下するために、普通の選手になってしまうので、なかなか本来の力が発揮できなくなるからです。

それでは、どのように対応すればよいのでしょうか。この問題は非常に応用範囲が広いので、もう少しくわしく述べることにします。

その答えは、「勝つことにこだわるのではなく、勝ち方にこだわる」こと。勝ち方にこだわると、そのときの勝負に勝っても勝ち方においては十分でないことが多いため、「さらに先」を目指して自分の力を高めていく努力ができるからです。

さきの東芝野球部の例で、彼らが私に「七回以降になったら東芝のマイゾーンに入るので、勝つことではなく、勝ち方にこだわるんです」と言ったのは、そのことを指しています。

勝ち方にこだわるとは、言いかえれば「勝ち方の美学」を持つということ。「ただ勝てばいいのではなく、ぶっちぎりの圧倒的な勝ち方をしてやる、追随を許さない勝ち方をしてやる」と考えるということです。

勝つことだけにこだわっているから、勝負の途中で「勝った」「終わった」と思って安心してしまい、パフォーマンスが落ちてしまうのです。

野球のピッチャーに即して言うなら、「勝ち負けだけにこだわる」のは「勝利投手になればいい」という考え方です。この場合、大きな点差で勝ったまま終盤を迎え、「今日はもう勝ったな」と思って不用意に甘い球を投げて逆転ホームランを許してしまった……という話は枚挙に暇《いとま》がありません。

「勝ち方にこだわる」というのは、その投手が「ただ勝つのではなく、追随を許さない自分流のピッチングをしてやろう」と考えることです。最後のバッターの打ち取り方まで真剣勝負。だからこそ最高のパフォーマンスになるのです。

シアトル・マリナーズのイチロー選手は二〇一〇年のシーズンで「一〇年連続二〇〇本安打達成」の偉業を成し遂げましたが、その途中、「あと〇本で記録達成ですね」などとマスコミに言われるたび、「いまはその話はしたくない」とコメントしていました。それは、イチロー選手が「達成するよりさらに達成の仕方にこだわっていた」からこそです。イチロー選手は、「一〇年連続二〇〇本安打」の達成そのものより、達成の仕方にこだわっていたのです。

二〇〇本安打達成そのものに勝負の力点を置いてしまうと、「達成できるかどうか」に意識が向いてしまい、「達成できなかったらどうしよう」という不安が浮かび上がってきます。しかし、達成の仕方にこだわれば、その不安に心をとらわれることを避けられるのです。

記録達成が近づいたころ、イチロー選手が「いまはその話はしたくない」と何度も言っていたのは、そういうことなのです。「あと何本」「あと何試合」などということにばかりこだわっていてはダメだということを、彼はよく知っているのです。

イチロー選手にかぎらず、超一流のアスリートというのは、たとえ勝ったときでも安心しないものです。なぜなら、超一流の人は勝つことではなく、勝ち方にこだわっているからです。

たとえ結果として勝ったとしても、勝ち方が完璧だということはあり得ません。「もっとこうすればよかった」というマイナス点が、いくらでも目につくものです。だからこそ、一流選手であればあるほど、「自分はまだまだだ」と思いつづけています。そう思いつづけるからこそ、彼らは進歩しつづけることができるのです。

言いかえれば、超一流のアスリートたちは、一般の人たちの想像とは裏腹に、「自分はすごい選手だ」などという意識は持っていないものです。「俺ってすごい」などと思ってしまったら、それは自分に安心してしまうということであり、試合中に「勝った」と思うことと同じだからです。

歴史に残る名将たちはみな、そのことをよく知っています。だからこそ、彼らは勝つことにこだわるのではなく勝ち方にこだわり、選手たちに対しても巧みに、「勝ち方にこだわる」ように心を誘導していくのです。

ライバルの成長を祈る度量を持つ

勝ち方ではなく「勝つこと」にこだわりすぎると、脳の才能をうまく引き出せないことがあり、そのために負けてしまう例があります。

ゴルフのタイガー・ウッズ選手が、かつて次のような趣旨の発言をしたことがあります。「ライバルがパッティングする瞬間に『入らなければいい』と祈ると、次に自分の番になったとき、自分のパットが入らなくなってしまう」

いいかえれば、「ライバルの失敗を祈ってはいけない。祈った瞬間、自分の脳も楽をしたいので、自分の技術も低下し、結果的に自分が負ける率が高くなる」ということです。

逆に「相手のパットが入ればいい」と祈ると、自分はもっとすごいパッティングをするのだと集中力が高まり、結果的には相手がミスパットすることが多くなり、相手が負ける確率が高まって、自分が勝つチャンスが増えると言っています。

これは、「勝負脳」の真髄をつく言葉でもあります。つまり、「心の中に否定語を絶対持ち込まない」ことが大切だということです。

ライバルの負けを祈るとき、自分の心の中は「負けろ」という否定語で満杯になってしまいます。そのことが、心に悪影響を与えてしまうのです。このような脳の反応は、スポーツの世界にかぎったことではありません。たとえばビジネスの世界においても、ライバル企業の繁栄をむしろ願うべきなのです。ライバルを蹴落とすことを考えているうちは、超一流ではありません。一流にはなれるかもしれませんが、超一流にはなれないのです。

などというと、「ライバルの成長を願うなんて、凡人には無理だ」と思われるかもしれません。しかし、実際にやってみれば、意外に難しくないことがわかるはずです。なぜなら、「仲間を見出し、共に生きる」というのは、人間の脳に組み込まれた本能であるからです。本能にかなった行動をとることが難しいわけがありません。むしろ、本能に逆らう行動をするほうが難しいのです。

また、ライバルを祝福するような思考スタイルをつねにとっていると、思いも寄らない知恵も浮かんでくるものです。

そのためのポイントは、損得を意識から外すことです。ライバルの成長が短期的には自分の不利益になる場合も多いのですから、損得感情が意識のうえにあるうちは、ライバルを祝福することなどできません。

損得を外すといっても、何も「利他心に満ちた聖人君子になれ」と言っているわけではありません。「損得よりも大切なこと」があるということを見極める、ということです。

救命の医師であれば、従来の医療では助けることさえ難しい瞳孔が開いた患者や呼吸が止まってしまった患者に対して、命を助けるだけでは不十分なのです。後遺症を残して助けても、その患者さんは後遺症を背負って一生生きることになります。いちばん大切なことは、日常生活に戻れるまでに治すことなのです。つまり、助けたというだけでは治療が成功したことにならず、達成の仕方、成功の仕方まで追求して知能障害や後遺症を残さない医療を行うことが求められるのです。

組織であれば、リーダーが、すばらしいビジネスの達成の仕方まで追求するのだということを、みなが共通の考えとして持てるように、くり返しその夢を語ることが大切なのです。

本番前の緊張は、あって当然

勝負の前の緊張状態をいかに克服するかは、指導者にとって大切な課題の一つです。ここでは、緊張状態について深く考えてみることにします。

昔、「日本人選手がオリンピックでよい成績が残せないのは、緊張しやすい性質のせいで本番に弱いからだ」という説がよく言われました。

たしかに、日本人には「公の席では緊張した態度を見せることが礼儀」と考えているようなところがあります。

たとえば、企業間の大きなプレゼンを入社したばかりの若手社員がまかされたとします。そのとき、若手社員がガチガチに緊張した様子を見せるのと、新人らしからぬ余裕しゃくしゃくの態度で笑みを浮かべて堂々と話をするのとでは、どちらが好感をもって受け止められるでしょう？

もちろん程度問題ですが、あまりに余裕たっぷりなプレゼンをすると、逆に周囲の反感を買いやすいのではないでしょうか。むしろ、つっかえたり声が上ずったりしながらも、一生懸命緊張してプレゼンをしたほうが「若手らしくて微笑ましい」と受け止められてきました。

逆にアメリカでは、緊張して当然の場面でも「少しも緊張していない」と余裕たっぷりな様子を見せることが、男らしさや成熟した人間であることの証と見なされる風土があります。

たとえば、ハリウッド産のアクション映画では、命を失うかもしれない場に闘いに赴く主人公たちが、観客をニヤリとさせるジョークを吐く場面がよくあります。「命のやりとりに出かけるときですら緊張せず、ジョークを飛ばすほど余裕のある自分」をアピールするわけです。

アメリカ大統領は、公的なスピーチでも比較的頻繁にジョークを飛ばします。いっぽう、日本の総理大臣は、演説などの公的な場ではジョークに類することをほとんど言いません。

言えば、「不謹慎だ！」と非難を浴びがちであることをよくわかっているからです。そうした違いも、緊張した態度をめぐる彼我のとらえ方の違いから来ているのでしょう。

そのような風土の違いによって、日本人選手は総じてオリンピックのような大舞台で緊張しやすく、実力が十分発揮しにくい。逆にアメリカ人選手は緊張しにくく、実力を発揮しやすい……と、そのように考えられてきたのです。

しかし、アメリカ人が日本に来たら緊張し、日本人がアメリカに行くと自信たっぷりな態度に変われるのでしょうか。そんなことは起きないことは誰でも知っています。それでは、同じ人間なのに、危機的状態でどうしてこのような対応の違いが出てくるのでしょうか。緊張すると本当に実力が出せなくなるのでしょうか。

それは、肉食系の動物と草食系の動物の行動学に答えを見ることができます。勝負になると肉食系の動物はただちに戦闘態勢に入るのに対して、草食系の動物は自分を守るために逃げるか、力のある象でも集団で守りに入る行動をとります。

同じように、コメや穀物、魚を主食とする日本人はどうしても戦いにおいて守りに入る習性が強く、緊張する傾向がどうしても強くなります。

それでは、日本人も肉をたくさん食べるようにしたらどうなるのでしょうか。多くの場合、戦闘モードの気持ちが強くなり、自分でも強くなったような気がしてきます。事実、オリンピック選手や格闘技系のスポーツ選手は、おいしいものを食べるとなると、決まって焼き肉です。明らかに、食べ物は人間の行動パターンを変える力を持っています。

それでは、緊張状態は勝負になるとどうして起きるのでしょうか。はたして緊張状態は悪いことなのでしょうか。

勝負になると人間が緊張するのは、自分を守って生きたいという本能と、仲間になりたいという本能の間にギャップが生まれるからで、誰でも緊張するのは当たり前なのです。

ここぞという勝負のとき、人間は自分を守る本能を優先するので、最高の運動能力を発揮するために、脳からカテコールアミンという神経ホルモン（アドレナリン、ノルアドレナリン、ドーパミン）を分泌します。このカテコールアミンの分泌によって、全身の血管を収縮させ血圧を高めることによって脳や心臓の血流を増やし、さらに肝臓のグリコーゲンを分解して脳のエネルギーとなるブドウ糖を増やし（血糖値を高める）、心臓や呼吸や脳の機能を最高に高めることになります。つまり、勝負に勝つために身体能力を高めるのです。

私は、二〇一〇年にロシアで行われたレスリング世界選手権の前に、日本のレスリングチームに「勝負脳をいかに発揮するか」の講義を行いました。その際、アテネ五輪と北京五輪で金メダルを獲得した伊調馨《いちょうかおり》さんから、大変面白い質問を受けました。

「先生、私、試合の前に何か食べると、みんな吐いてしまうんです。みなが気持ちが弱いからだというのですが、これはいいことですか、悪いことですか？」

彼女は、自分の緊張状態に長い間悩んでいたようです。

じつは、私も救命救急センターを引き受けた当初、約一年近くにわたって、毎朝顔を洗うときに吐き気を催していました。べつに苦しいわけではないのですが、朝起きたとたんに体がすぐに「戦闘モード」に入ってしまうための現象だったのです。

そんな自分自身の経験をふまえ、私は伊調さんに次のように答えました。「それは体が戦闘態勢に入ってしまうという状態ですから、アスリートとして初めから身体能力が発揮できるという、すごい才能のあらわれです。これまでの守りの戦法を、攻めの戦法に切り替えたら、もっと力を発揮すると思います！　だから、あなたにとってはいいことです。心配いりません」

そして、ロシア大会で彼女は、これまでの守りの戦法から攻めの戦法に切り替え、「勝ち方にこだわる」と宣言して、見事金メダルを獲得しました。

このように、勝負の前の緊張状態は誰でもあたりまえに起きる現象で、けっして悪いことではないのです。

それでは、「緊張したために十分力が発揮できなかった」とよく言われるのは、どうしてなのでしょうか。

それは、必要以上に過度に緊張すると、脳や心臓や呼吸器の機能を高めるカテコールアミンが大量に血液の中に出ることによって、体や手足を動かす筋肉まで収縮して、手足が思うように動かせなくなるからです。

それればかりか、大量のグリコーゲン分解によって血糖値が上昇し、一七〇〜二三〇mg／dlを超えると、酸素を脳や体中に運ぶヘモグロビンの機能変化によって乳酸が急に増え、血液の中に増えた炭酸ガスを吐き出すために呼吸が荒くなり、思うように体を動かすことができなくなってきます。

つまり、適度な緊張状態であればますます力を発揮できるのですが、過度の緊張をすると、体が固まったり呼吸が乱れたりして、ふだんの力さえ発揮できなくなるということです。

それでは、どうして過度の緊張状態が生まれるのでしょうか。それには、どのように対処すればよいのでしょうか。その答えは、次項で紹介する事にします。

過度な緊張を生み出す理由と、「適度な緊張」を保つコツ

すでに述べたとおり、人間の本能には、脳の神経細胞由来の「生きたい」「仲間になりたい」「知りたい」という生まれつき持っている本能と、生まれた後に育ってくる脳組織由来の「自己保存本能」「統一・一貫性を好む本能」「自我を大切にする本能」、そして「違いを認めて共に生きる」という神経核連合由来の本能があります。

勝負を前にして過度の緊張状態が生まれるのは、三層構造になっているそれらの本能の間に生まれるギャップのせいです。「相手を打ち負かしたい」という気持ちが、「生きたい」「仲間になりたい」という気持ちと相容れないため、その不調和が組織由来の「統一・

一貫性を好む本能」に反するギャップとなって、緊張感を生むのです。

したがって、緊張感が生まれること自体は避けようがありません。しかし、それを「適度な緊張」のまま保つコツならあります。

その一つが、自律神経のバランスを整える呼吸法です。自律神経はもともと体の機能に対してバランスを整える神経で、人間の意志によってその機能を変えることができないものですが、唯一、呼吸によってその機能が変わるという性質を持っています。

人間の体は緊張状態では交感神経優位になり、逆にリラックスした状態では副交感神経が優位になります。したがって、少し高まった緊張状態を適度な緊張状態に整えるためには、副交感神経の働きを少しだけ高めてやればよいわけです。

人間は息を吸うときに交感神経が高まり、吐くときは副交感神経が高まります。この仕組みを利用し、息を吐くときに長めに吐き、吸うときには短めに吸う形で深呼吸をすると、副交感神経優位の状態が作れます。

これは、空手の世界でよく「型」として行われる呼吸法です。昔の空手の達人たちは、交感神経／副交感神経の役割は知らなくても経験からそのような呼吸法が闘いの前に有益であることを知っていたのです。

それでは、この緊張状態が過剰な緊張を引き起こす理由とその本質、つまり「適度な緊張」と「過剰な緊張」の分かれ目はどこにあるでしょうか？

それは、自分を守るために「自己保存の本能」を自分で過剰に働かせ、いつもと異なる環境を生み出すことによって「統一・一貫性を望む本能」が保てなくなる、いわば、組織由来の本能の間にギャップが生まれることが、過剰な緊張を引き起こす本質なのです。

ちょっと難しい表現になってしまいました。もっとわかりやすく具体的に述べるなら、次のようなことです。

大切なスポーツの試合に臨むとき、あるいは大学の入学試験に臨むときのことを考えてみましょう。

本番の会場に足を踏み入れたとき、「うわー！　たくさん観客がいる！」とか、「今日の試験場には頭のよさそうな人がいっぱいいる！」「いよいよ今日は大事な選考会だ！」というふうに「いつもと違う」ことを過剰に意識すると、その意識が環境の「統一・一貫性」を壊してしまうことになります。つまり、そのことによって「いつもと違う」という警戒心がわき起こり、脳の「自己保存の本能」が過剰に働いてしまうのです。それが、過度の緊張を生み出す仕組みです。

しかし、組織由来の本能は生まれた後に育ってくるものなので、このような本能のギャップは、努力によって埋めることができます。

それでは、少し具体例をまじえ、解決法も含めて話を進めることにします。

高校野球の世界では、「甲子園には魔物が棲《す》んでいる」という言い方をします。日本全国から注目を浴びる甲子園大会という大舞台。そこでは拍手や歓声など、観客の放つ熱気も、県大会などとは次元が違います。その違いを「魔物」という言葉で表現したわけです。

いつもと違う大歓声、拍手、熱気、観客の異様な興奮……それらがひとかたまりとなって、大舞台に慣れていない高校球児に迫ってくるわけです。そのことで「環境の統一・一貫性」が失われ、いつもなら考えられないミスを誘発するのが、「甲子園の魔物」の正体です。

甲子園大会にかぎらず、スポーツの試合や仕事の本番など、あらゆる大勝負の舞台に際して過度の緊張状態を起こさない方法、あるいは、起こしてしまった状態から脱出する方法について説明します。

それは、練習と本番の間に「環境の統一・一貫性」を持たせることです。つまり、練習も本番と同じ環境にし、気持ちや戦い方も本番と同じやり方で練習することです。そうすることによって、本番でも練習どおりの力を発揮できるようになります。

たとえば受験生なら、家で練習問題を解くときにも、つねに本番の受験をイメージしながら解くのです。受験時期の二月の寒い気候をイメージし、試験官が前にいることをイメージして、問題を解く時間も実際の受験時間に合わせ、時間を測ってやってみるのです。たったそれだけの心がけで、受験本番の過度の緊張を大きくやわらげることができます。

受験にかぎらず、仕事のプレゼンや交渉事でも同じことです。「本番と同じ環境をイメージし、本番と同じ集中力で練習すること」を習慣にするのです。その練習がうまく進んだ場合、いざ本番というときになっても、まったく冷静さを失わずに処することができるでしょう。

では、そのような本番イメージ・トレーニングがうまくいかず、いざ本番というときにガチガチに緊張してしまったら、もう対処のしようがないのでしょうか？

日本代表フィギュアスケートチームのコーチから「先生、会場に行ったら選手がガチガチに緊張している場合、どんな言葉をかければよいのでしょうか」という質問を受けたことがあります。

過度に緊張している選手に、たとえどんな言葉をかけても、本当の効果はあまりないのです。なぜなら、環境の統一・一貫性を望む本能が、「いつもと違う」と混乱している状態に正確に対応していないからです。

それでは、どのように現場で対応するか、あるいは、どのようにしたらそのような過度の緊張状態を起こさないようにできるかについて述べます。

緊張してしまったら、その環境を一度外すことです。たとえば、コーチと一緒に一度会場の外へ出ることが「環境を外す」ことになります。会場の外で今日の戦い方を相談し、体の軸を整えるためのジャンプを行ったり、合言葉を作っておいてそれを言い合ったあとで再度会場に入るのです。

受験の場合も同じです。受験会場に行って「いけない。すごく緊張している」と思ったら、すぐに一度受験会場から外に出て、缶コーヒーを飲んだり、軽い体操をしたりしましょう。

そうすることによって、「緊張している環境」の統一・一貫性を、一度外してやるのです。そのうえで、「自分はなんのためにこの勝負に挑むのか」という「大義」を心で確認し、「よーし、やってやるぞ！」と心の中で一声叫んでから会場に入り直しましょう。たったこれだけの〝儀式〟をすることによって、それまでの緊張は大幅に軽減されるはずです。

では、そのような過度の緊張状態を起こさないためには、どうしたらよいでしょう。そのためには、勝負の前に一定のルーチンワークをする習慣を身につけることです。

たとえば、会場に入る前に床を指差し、次に天井を指差すとか、あるいは、コーチと決めた合言葉を口ずさんで、必ず左足から会場に入るとか、いろんな自分だけのオリジナルなルーチンワークを用意しておき、練習の段階から毎回それを必ず行うのです。そのうえで本番でもそのルーチンワークを行うと、脳は「いつもの環境に入った」と理解し、ふだんどおりの力を発揮することができるようになります。これは、あらゆる勝負事の本番に通用することですから、みなさんもぜひやってみてください。

第4章

ケネディの脳が求めた、モチベーションの同期発火

現代の日本に求められるリーダーを育てよう

これまで名将と言われてきた人たちには、その時代の人々が何を求めているかに対してその要望を正確に読み取り、それに的確に対応してきたという歴史的変遷があることを、先に紹介しました。

したがって、理想的なリーダーの条件には必ずしも定まった型があるわけではないのです。理想的リーダー像は時代に応じて変わるのですから。

このことを理解しないで、過去の名将と言われた織田信長や徳川家康に学ぶとか吉田茂に学べといっても、その条件設定の背景まで読まないと過去のすばらしいリーダーからの教えを身につけることはできないのです。

それでは、現代のような高度情報化と価値観の多様化の時代、そして社会システムも非常に複雑化した時代に、どのようなリーダー像が求められるでしょうか。

まず、時代の変化にかかわらずつねに求められる理想的リーダーの条件として、次の二つが挙げられます。

①　組織・団体が目指す目的を達成するために、どの問題を最も先に解決しなければならないかの手順を決める「トリアージ」（優先度決定）の実行力

②　そのためには自分の立場をも捨てることができる力を持っていること

その二つを基本能力として持った上で、現代のリーダーには次の三つの能力がとくに求められます。

(1)　どんな困難な条件下でも、必ずやり遂げるカリスマ性

(2)　人間の脳が何を望んでいるかをよく理解し、ワクワクするような目標を掲げ、数年先までものごとが読みとれる先見の明と、それを実行する習慣を持っていること

(3)　あらゆる手法を駆使して、人間の脳に入るコミュニケーションの才能を磨いていること

以上の三つが、脳科学の視点から見た、分野を問わず現代の日本に求められるリーダー像の条件だと言えます。

ただし、たとえどんなに優れたリーダーがいたとしても、目標が達成できるか否かは、フォロワー（国なら国民、企業なら社員、スポーツチームなら選手）の「支える力」の強弱によります。すばらしいパフォーマンスや成果は、リーダーとフォロワーが一体になって初めて生まれるものだからです。

このことは、キューバ危機という国難に際してジョン・F・ケネディが、「自分は国民の支えによって、国のために一歩も退かない強い気持ちで命を賭けることができる」と熱く訴えた演説の内容に示されています。

そして、この四つ目の条件（フォロワーがリーダーを支える力を持っていること）は、首相の些細なミスをあげつらってコロコロと首相を変えてしまう日本という国が、国難とも言える東日本大震災に遭遇した今こそ、最も強く求められていることだと思います。

したがって、リーダーも自分の部下を育てる場合、指導者としての脳の機能を発揮する仕組みにしたがって、

①ものごとを必ず成し遂げる才能、
②正確にものごとを判断し実行する力、
③人と共に感動できるコミュニケーション力

の三つを育《はぐく》む教育が求められます。それが、次代を担うリーダーを生み出すことにもつながっていくのです。

優れたリーダーが少ない日本は、一方ではリーダーを支える人材も乏しい。それが悲しい現状です。そのような人材が日本に少ないのは、いったいどこに弱点があったのか。学校教育のみならず、ビジネスや企業、スポーツ、政治、マスコミ機関の各分野において、共通の課題としてこれから考えていきたいものです。

どんな困難な条件でも必ずやり遂げるカリスマ性の才能は、自己報酬神経群の機能である「自分がやってやるという気持ち」「達成の仕方までこだわるモチベーション」「最後まで勝ち抜く自我の本能」「これは自分に与えられた使命だと思うこと」が一体で機能することによって発揮されることを、いろんな形で紹介してきました。

ものごとを正確に判断・実行する才能は、統一・一貫性を望む人間の本能を基盤に、ものごとの推移を正確にとらえる空間認知能の才能が必要であり、人と共感できるすばらしいコミュニケーション力は相手の脳に入る才能と独創的な新しい考えを生み出す創造力によって生まれてきます。

本章では、この才能が活かされたいくつかの事例を紹介しながら、リーダーに求められる本質に迫っていくことにします。

歴史に名を残した闘将はモチベーション向上の達人

「昭和最後の大横綱」と呼ばれた千代の富士（現・九重親方）は、一九九一年の五月場所で初日に貴花田（のちの横綱・貴乃花）に敗れ、三日目に貴闘力に敗れたことから、引退を決意しました。引退会見で涙ながらに「体力の限界！　気力もなくなり、引退することになりました。……以上です」と言葉を振り絞った姿をご記憶の方もいることでしょう。

千代の富士に「体力の限界」を痛感させたのは、何よりも、当時一八歳の貴花田に敗れたことでした。そのことで気持ちの力――勝ち方までこだわるモチベーションが保てなくなったことが、引退決意の直接の原因となったのです。逆に言えば、モチベーションをずっと強く保てれば、アスリートはかなりの年齢になっても現役をつづけられるものなのです。

西武ライオンズなどで投手として活躍した工藤公康氏が四八歳まで現役だったのに対し、巨人にいた江川卓氏のように三二歳の若さで引退する投手もいます。そうした差は、体力の差だけでは説明できません。江川氏は、現役最後のシーズンに一三勝という立派な成績を残しています。モチベーションさえ保てたなら、まだまだ現役がつづけられたと思われます。

そのように、アスリートは肉体の限界が来て引退するというより、モチベーションが保てなくなって引退する場合が多いものです。

つまり、スポーツの勝負に勝つために必要なことは、「自分がやってやる」という強い気持ち、勝ち方にまでこだわる、最後の最後まで力を抜かないというモチベーションなのです。だからこそ、名監督・名指導者と呼ばれる人は、例外なく「モチベーション向上の達人」と言えるのです。

「モチベーション」はこれまで述べてきたように「自己報酬神経群」から生まれてきます。

「自己報酬神経群」はその名のとおり、「自分へのごほうび」によって働く部位です。そして、この部位が活発に働かないとものごとを成し遂げるという次のステップの考えが生まれてこないのです。

脳の中の神経伝達回路は、一般に、先に行くにしたがって枝分かれする形になっており、情報が広く効率的に伝わる仕組みになっています。これに対して、自己報酬神経群の神経伝達回路は先に行くにしたがってその数が少なくなり、収束する特殊な形になっています。この特殊な形態が示すのは、ものごとを成し遂げる機能を持つ自己報酬神経群の活性化は、「ごほうびが得られた」という「結果」によって起こるのではなく、「ごほうびが得られそうだ」という「期待」によって起こる特徴を持っているということ。これは、非常に重要なポイントです。

「ごほうびが得られた」――つまり、途中で、「もう勝った」「もうすぐゴールだ」「だいたいできた」という結果を手にしたと感じると、脳の機能は低下してしまうのです。それは、「ごほうびが得られた」「できた」と感じた瞬間、自己報酬神経群が「もうこのことを考えなくてもよい」と判断するためです。前章で説明した「勝ったと思った瞬間にパフォーマンスが低下する」ことと、相通じています。

つまり「モチベーション」とは、「ごほうびへの期待」によって脳内の自己報酬神経群が活性化することなのです。したがって、リーダーが部下たちのモチベーションを高めるには、「がんばればごほうびが得られそうだ」という期待を高めることがポイントになるのです。

では、ここでいう「ごほうび」とはなんでしょうか？　それは収入がアップすることでもあり、地位が向上することでもあり、愛する人や尊敬する人から称賛されることでもあります。なんであれ、「それが得られたらすごくうれしい！」と感じられることは、すべて脳に対する報酬・ごほうびとなります。人間の意欲は、そのような「自己報酬」を期待することによって高まります。それが「モチベーション」の正体なのです。

営業マンに高いインセンティブ（報奨金）を与えるとがんばって営業するようになるのは、自己報酬への期待がモチベーションを高めることのわかりやすい例といえます。その場合の自己報酬はお金ですが、モチベーションはお金によって上げられるとはかぎりません。

たとえばプロ野球選手であれば、よい成績を上げれば収入が上がるのは当然なのに、それだけではモチベーションを長く保つことはできないのです。脳のごほうびは、お金だけではなく、自分のプレーによってファンの人を喜ばせたい、人に感動を与える自分のプレーを編みだしたい、あるいは、自分が尊敬する監督や先輩から称賛や期待の言葉をかけてもらいたいといった期待を持つことでもあります。それらが、より強いモチベーション・アップにつながるのです。

世の名監督たちは、「自己報酬神経群」という言葉は知らないかもしれません。しかし、彼らは長い指導者経験を通じて、部下たちのモチベーションを上げるために何をすればよいか、よくわかっているのです。

名リーダーは例外なく「ほめ上手」であり、「励まし上手」です。「お前ならできる!」「絶対いける!」と部下を鼓舞し、ここぞという場面で的確にほめてあげられる人が多いのも、この脳の仕組みに基づいているのです。

部下にとっては、リーダーを尊敬していればいるほど、そのリーダーからほめられたり励まされたりすること自体が、脳にとっての得難い「ごほうび」となります。「またあの人にほめられたい」「また自分の力を認めてもらいたい」と思う心が、自己報酬神経群を活性化する「期待」となり、達成の仕方、勝ち方までこだわるモチベーションを向上させるのです。

これまで、「名リーダーとは部下に夢を与えられるリーダーだ」と述べましたが、リーダーが部下に夢や希望を語ることとは、自我を基盤に生まれる「自分でやってやる」という自己報酬神経群の機能をさらに活性化させる「ごほうび」の役割を果たします。

名リーダー、名経営者は、「この人についていけば、何かすごいことが成し遂げられそうだ」と部下に思わせるものです。そのような、心の底から湧き上がるような「ワクワクする気持ち」――それが自己報酬神経群を動かす「期待」となり、モチベーションを上げるのです。

逆に、ダメなリーダーは、部下の失敗をねちねちと叱り、「どうしてこんなことができないんだ！」となじることが多く、自己報酬神経群の動きを止めてしまいます。

また、暴君型リーダーに見られる、恐怖によって上から押さえつけるようなやり方で命令に従わせるやり方も、やはり自己報酬神経群の動きを止めてしまいます。

私が不思議に思うのは、世間一般で「名将」と見なされているリーダーの中に、ねちねち叱るタイプや暴君型のリーダーが、いまだに少なからずいるということです。

スポーツにおける監督、企業におけるオーナー社長などは、その狭い世界では圧倒的な権力者です。ゆえに、その権力を行使することで、暴君型リーダーでもある程度は人を動かすことができますし、結果も出せるでしょう。しかし、そのやり方では部下たちの自己報酬神経群は活性化しませんから、「なでしこジャパン」が世界一に輝いたような画期的勝利をつかむことはできません。なぜなら、自己報酬神経群が活性化しないかぎり、各人が持つ潜在能力を全開させることはできないからです。むしろ、リーダーに対する恐怖によって動かされている以上、萎縮してしまって、実力を十分発揮することすらできないでしょう。

モチベーションというものを正確な言葉で言い換えるなら、「自分流の勝ち方を生む気持ち」です。それに向かって「よーし、やってやる」という前向きな気持ちの力。それこそがモチベーションなのであり、その「やってやる」という能動的な心を部下から引き出すことが、リーダーの役割です。

モチベーションを下げない叱り方

リーダーである以上、部下を叱らなければならない場面もあります。しかしその場合でも、優れたリーダーは部下のモチベーションを下げない叱り方をするものです。

米国生まれのコミュニケーション技法「アサーション」（Assertion）の世界では、「上手な叱り方のポイント」として、次のようなことが挙げられています。

「叱るときにはプラスの言葉で始め、プラスの言葉でしめくくる」

――つまり、叱り始めるときには「この条件で君ががんばっていることは、よくわかっている」というふうにプラス評価をまず示し、叱り終えるときにも「期待しているからね」とプラスの言葉でしめくくる。

「感情で叱らず、事実を指摘する形で叱る」

――叱るときにはとかく、怒りの感情をぶつけて怒鳴り声になったりしてしまいがちです。なので、怒りにまかせて叱らず、冷静になってから、事実を指摘する形で叱るのです。

「叱る事柄を一つにしぼる」

――人間の脳は新しい情報に瞬時に反応するので、多くのことを次々と関連づけて叱っても、前のことが十分頭に残らず、統一・一貫性の本能にも抵触するので、叱る人を嫌いになる結果を生み出します。したがって、叱るときには部下に改善して欲しい点を一つに絞り、一度にあれもこれも叱らないようにすることです。

過去のミスまで引っぱり出して、相手を全否定するような勢いで叱ってしまうと、部下のモチベーションは一気に下がってしまいます。しかし、叱るポイントを一つに絞れば、部下は「そこだけ直せばいいのか」と安心して受け止められるのです。

参考までに、私自身の救命センター時代の「叱り方」を紹介しておきます。

当時、私は若手のメンバーを叱らないことに決めていました。では、若手がミスをしたときにはどうしたかといえば、若手を叱るかわりに、その人を指導する役割の中堅スタッフを叱ったのです。「お前、どういう教育をしているんだ!」というふうに……。

なぜそのようにしたかといえば、若手はまだ経験不足で打たれ弱いため、下手に叱ると萎縮してしまい、若さの長所である勢いとパワー、チャレンジ・スピリットを削いでしまうと考えたからです。

この叱り方には、救命救急センターで最も必要な若手スタッフと中堅スタッフの絆を深めるという副次効果も生まれました。というのも、私はいつも若手スタッフの眼前で中堅スタッフを注意するようにしていました。若手たちは「私たちが未熟なせいで、先輩はいつも林先生に叱られている。申し訳ない」と思い、黙って叱責を受け止めている先輩たちへの信頼を深めたからです。

毎朝七時から始まる全体の総合ミーティングの前に、各班の医療チームは、若手スタッフと中堅スタッフが毎朝六時から円陣を組んでミーティングをするようにもなりました。私が命じたわけではないのに、いつの間にかそうしていたのです。そのように、私の叱り方はチームの団結を高める効果も生んだのでした。企業などでもこの叱り方を取り入れてみてはどうでしょうか。

名指導者は「教えすぎない」

米国のプロ野球界には、「ドント・オーバーティーチ（教えすぎるな）」という言葉があります。たとえば、米メジャー・リーグの名門ロサンゼルス・ドジャースのコーチ用テキストには、第一項目にこの言葉が記されているとか。それくらい、米野球界の選手育成の基本となっている考え方なのです。

私はこの言葉を、元プロ野球監督・権藤博氏の著書『教えない教え』（集英社新書）で知りました。権藤氏は一九九八年に監督として横浜ベイスターズを日本一に導き、通算一七年に及んだコーチ時代にも、中日の二度のリーグ優勝、近鉄のリーグ優勝に大きく貢献しています。日本のプロ野球を代表する名指導者の一人といってよいでしょう。

権藤氏の指導者としての原点となったのは、コーチとなってすぐの三〇代のころ、コーチングの勉強で訪れたアメリカの「教育リーグ」（米プロ野球界の最底辺にあたるリーグ）で経験した、次のような出来事だったそうです。

教育リーグの打撃練習を見ていたときのこと。コーチから流し打ちの練習を命じられた選手が、何度やってもうまく打てず、途方に暮れていました。見かねた権藤氏が流し打ちのコツを教えてやると、すぐにできるようになり、様子を見に来たコーチに「彼が教えてくれた」と権藤氏を指しました。するとそのとき、コーチはこう言ったのでした。「ミスター・ゴンドウ。教えてくれるのはありがたい。だが、教えられて覚えた技術はすぐに忘れてしまうものなんだ。逆に、自分でつかんだコツは忘れない。だから私たちコーチは、選手が自分でコツをつかむまで見守っていてやらなければいけないんだ」

このエピソードはまさしく、これまで述べてきた「自分で考えたことを自分で成し遂げることが、脳にとってのごほうび」という原則に沿った、自己報酬神経群の機能を高める方法そのものと言えます。

権藤氏はこの出来事を指導者としての原点にし、以後は「ドント・オーバーティーチ」を肝に銘じて人材育成にあたりました。横浜ベイスターズの監督時代には、権藤氏の指導法はマスコミから「放任主義」と評されたものです。夜の練習は原則禁止、全体ミーティングもしないなど、管理を排し、選手の自主性にまかせるやり方だったからです。

この「ドント・オーバーティーチ」という考え方は、脳科学的見地からも納得がいきます。要は、「たんに知識を与えるのではなく、自分の頭で考えさせる」という指導のあり方を説いたものなのです。

リーダーが部下に知識を伝えるだけでは、人材育成とは呼べません。自分で考え、自分で「そういうことか」と納得した知恵だけが、血肉化されていくからです。釣った魚を与えるのではなく、釣り方そのものを教える――そんな指導のあり方でなければ脳は活性化せず、考える力も身につかず、一流の人材には育たないのです。

そして、この「ドント・オーバーティーチ」は、いまどきの組織にありがちなマニュアル頼りの人材育成に対する警鐘とも言えます。マニュアルに頼りすぎると、「たんに知識を与えるだけ」の育成になってしまうからです。

マニュアルは、もちろん便利で効率的です。たとえば、ファーストフード店で高校生のアルバイトでさえ短期間で「それなりの接客」ができるようになるのも、微に入り細を穿《うが》った緻密なマニュアルがあればこそでしょう。

しかし、マニュアルは他の人が考えたものですから「人の考えをなぞるもの」になり、自分の自己報酬神経群の機能はマニュアルでは磨かれません。真の人材に必要な「考える力」は育たなくなります。言いかえれば、「マニュアルがないと何もできない人間」になってしまうのです。

それでは、マニュアルをどのように活用すればよいのでしょうか。

そのためには、各自がマニュアルをただ鵜呑みにするのではなく、「マニュアルのここの部分は、自分だったらこうするんだけどな」などという「自分なりの考え方」を、つねに持っていることが肝要です。またリーダーは、部下がマニュアルの改善についての意見を述べたなら、その意見を頭ごなしに否定したりせず、虚心坦懐に聞いて検証する力を持っていることが大切です。

カジュアル衣料品販売の雄「ユニクロ」も、独自のマニュアル活用法を確立しています。ユニクロの店員マニュアルは一五〇〇項目以上に及ぶもので、それが同社の急成長を支えてきた一つの土台にもなってきました。急激に店舗を増やしてきたユニクロでは、全店舗の共通化のために緻密なマニュアルが必須だったのです。

しかし、同社はやがて、「マニュアルのジレンマ」に直面しました。「マニュアルどおりのサービスはできても、マニュアル以上のサービスができない店員」が多いこと、言いかえれば「自分の頭で考え、自分で行動する自立型の店員」が少ないことに気付いたのです。

そこで、ユニクロでは人材育成のプロを雇い、マニュアルの欠点を補う育成法を持ち込むことにしました。それは、「目標設定シート」というものを使って各社員に短期・中期・長期の目標を立てさせ、それをどうやって達成していくかを各自に考えさせることによって成長を促すというやり方でした。

まさに、マニュアル化できる部分はして、その上で、マニュアルだけでは身につかない「考える力」をつけさせる方法を取り入れたのです。

また、ユニクロの場合、マニュアルそのものにも固定化・硬直化を避ける仕組みが取り入れられています。社員たちの意見をどんどん取り入れて、マニュアルの内容を更新・改善しつづけているのです。いわば、ユニクロのマニュアルは「生きたマニュアル」になっているわけです。

ユニクロのやり方には、「マニュアル時代の人材育成のモデルケース」として、学ぶべき点が多々あります。ユニクロ独自の人材育成が詳細に綴られたビジネス書も多数刊行されていますから、リーダーは目を通しておくとよいでしょう。

効率一辺倒では創造性が育たない

マニュアルに頼りすぎることの弊害と通じる話ですが、私は、現代日本のさまざまな組織があまりに効率一辺倒となっていることに、危惧を感じています。人材育成においても、組織運営においても、成果主義が行き過ぎて効率化に血眼になりすぎると、大きな弊害が生まれると考えているからです。

なぜなら、「効率一辺倒では創造性が育たない」ということです。その理由については追って説明しますが、その前にまず、私自身が体験した面白いエピソードを紹介します。

以前、私はソニーの取締役を務めた天外伺朗《てんげしろう》（本名・土井利忠）氏と対談をしたことがあります。そのときに天外氏が言われていた言葉の一つに、「効率一辺倒の経営をすると創造性が失われる」というものがありました。私は大いに賛同したものです。

天外氏はソニー全盛期を支えた技術者の一人であり、ソニーコンピュータサイエンス研究所の取締役ファウンダーを務めるなどしたのち、二〇〇六年にソニーを退職。その後、『文藝春秋』二〇〇七年一月号に「成果主義がソニーを破壊した」と題する論文を発表し、話題をまきました。それは、一九九〇年代後半以降のソニーがアメリカ流成果主義に基づく経営に走るあまり、同社が本来持っていた優れた創造性を失ったとする内容でした。

私がアメリカで暮らしていたころ、コインランドリーで出会った、見知らぬ中年女性に、「あなた、ソニーの国の人ですか?」と声をかけられて驚いたことがあります。「日本人ですか?」ではなく、「ソニーの国の人ですか?」——ソニーという日本の一企業が、それほど深くアメリカ社会に浸透していたことに驚いたのでした。

全盛期のソニーは、それほどすごい企業だったのです。そしてそれは、天外氏のような優れた技術者がリーダーシップをとり、効率一辺倒でない経営をしていたからこそ生まれたすごさでした。

あらゆる分野において、創造性は一見無駄な営みのくり返しから生まれてきます。民主党政権が鳴り物入りで行った「事業仕分け」は、「すぐには役立たない」「一見無駄に見える」予算をバサバサと切り捨てていくものでしたが、あれのせいで日本の科学技術の優れた創造性は大きく損なわれたはずです。

また、それ以前から「日本にはベンチャー企業が育たない」とよく言われてきましたが、それも、無駄を許容しない日本の文化土壌が一つの背景要因として挙げられます。

新しい市場やビジネスチャンスを創造するベンチャー企業は、本質的に「創造性」を求められます。しかし、人間がものごとを判断・理解する基盤となる統一・一貫性の本能から見ると、新しい独創的なものはそこから外れるので、どうしても必要性の少ない無駄なものと感じてしまいがちなのです。

したがって、人間の本能を克服して、新しい独創的な創造力をどのように生み出すかが、企業のみならずあらゆる組織のリーダーに求められているのです。

民主党の「事業仕分け」が一時期、国民の喝采を浴びたことが示すように、いまの日本は「無駄を許さず、目先の利益を最優先する社会」になってしまっています。このため、ますますベンチャー企業が育ちにくい状態が生まれています。

「一見無駄に見えても、じつは必要だ」ということが、世の中にはたくさんあります。そうしたことを示す言葉として、私は「必要ムダ」という言葉を造りました。

「必要ムダ」は、医療の中にもあります。

たとえば「おなかが痛い」と訴える患者が病院にやってきたとします。「おなかが痛くなる前に吐いた」と、その患者は言います。それは食中毒かもしれませんが、脳梗塞の症状の一つとして嘔吐がありますから、この場合、脳梗塞が原因ということもあり得ます。だから、念のために脳のスキャンもすべきなのです。

ところが、いまの医療制度では、腹痛を訴える患者への脳スキャンには健康保険が適用されない場合が多いのです。そのため、医師は「脳梗塞の可能性もある」と思っても、ついスキャン検査を省きがちです。もしその患者が食中毒ではなく脳梗塞であったなら、スキャンを省いたがために脳梗塞で亡くなるかもしれません。その場合、脳のスキャンはまさに必要なのに、常識的には無駄な検査と見なされがちな「必要ムダ」だったのです。事実、私はこのようなやり取りのケースであえて脳スキャンを行うことで、どれくらい多くの患者を救ったかわかりません。

そのような「必要ムダ」は、組織運営の中にも、人材育成の中にもあります。そして、「必要ムダ」を担保することによって、そこから創造性も生まれてくるのです。

成果を求めて効率を高めること、それ自体はもちろん大切です。しかし、効率一辺倒で「必要ムダ」までなくしてしまうと、創造性が生まれる余地さえなくなってしまいます。

創造性は、何も芸術家などのクリエイターにのみ必要なのではありません。どんな分野であれ、真に優れた一流の仕事をするには創造性が不可欠です。たとえば、企業などの組織が「オンリーワン」の存在になるためには、創造性を発揮して「自分たちだけにしかできないこと」を成し遂げなければならないのです。その意味で、リーダーには「必要ムダ」をなくさないための配慮が求められます。

第5章

歴史と世界に学ぶリーダーのあり方

歴史は「王道」と「覇道」の超越を求めている

本章では、歴史上の名リーダーや現代世界の名リーダーの行動から、現代のリーダーが学ぶべき英知を探っていきましょう。

古今の名リーダーと言われた人たちは、脳の仕組みを熟知していたわけではないものの、本能的・直観的に脳の仕組みにかなった行動をとっているものです。逆に言えば、脳の仕組みにかなった行動を取りつづけたからこそ、彼らは歴史に残る名リーダーたり得たのです。

歴史上の優れたリーダーの行動や考えについて、脳科学の視点から見ていくことにしましょう。

リーダーのタイプを二つに大別するものとして、よく知られた「王道」と「覇道《はどう》」という立て分けがあります。この概念は、もともと戦国時代中国の儒学者・孟子が提唱したものです。孟子は古今の君主を「王者」と「覇者」に分け、政道（政治のやり方）を「王道」

と「覇道」に分け、その上で覇道よりも王道が優れていると説いたのです。

孟子によれば、「覇道」とは武力などの力によって民衆や他国を屈服させる政治であり、それを遂行する君主が「覇者」です。逆に、「王道」とは徳によって行う政治のことで、それを遂行する君主が「王者」です。「王道」の政治では、民衆や他国は力によって屈服するのではなく、王者の徳を慕って自ら進んで従います。

現代の言葉に置き換えれば、覇道とはハード・パワーによる政治であり、王道とはソフト・パワーによる政治ということになるでしょう。

ハード・パワーとソフト・パワーの概念は、米ハーバード大学教授の国際政治学者、ジョセフ・ナイが提唱したものです。ナイ博士は明らかに「王道と覇道」の概念をふまえてこの言葉を作っており、両者は同一とは言えないまでも、かなり似通っています。

教科書的な定義を述べれば、「ソフト・パワー」は「国際関係において、自国の魅力によって他国を味方につける力」のこと。「ハード・パワー」はその対義語で、軍事力や経済力などを指します。

他国を強制や報酬によって従わせるのではなく、自国の魅力によって自発的に従わせる力が「ソフト・パワー」であり、その国の優れた文化、魅力ある政治的価値観などがその源泉となります。

この二つの概念を超越したのが、ジョン・F・ケネディだったのです。ケネディが大統領だったころのアメリカは、ハード・パワーも強かったものの、ソフト・パワーにも恵まれていました。世界中の国々が豊かで大らかなアメリカに憧れ、「アメリカのような国になりたい」と目標にしていました。そして、若く清新なケネディ大統領は、アメリカ国民はもちろん、他国の民衆にすら敬愛されていたのです。

ところが、二〇〇一年に政権についたブッシュ前大統領は、イラク戦争でとった単独主義的政策など、ハード・パワーを前面に出した「覇道の政治」によって、米国のソフト・パワーを大幅に下落させ、各国の反米感情を一気に高めてしまいました。

王道と覇道、ソフト・パワーとハード・パワーの立て分けは、政治の世界のみならず、すべての分野のリーダーにあてはまります。たとえば、スポーツの世界における監督のあり方、企業経営のあり方なども、王道と覇道、ソフト・パワーとハード・パワーで立て分けられるでしょう。

王道と覇道のうち、どちらが人間の生き方にかなっているかといえば、覇道を選んだ北朝鮮やイラクの例を見て分かるように、王道です。

これを人間の脳の仕組みから再度、吟味してみると、「他者と仲間になりたい」「平和的に共生したい」という欲求は、脳の考えを生み出すベースとなる、脳の神経細胞由来の「仲間になりたい」「生きたい」という本能から生まれるものであり、民衆や他国を強制力によらずに平和的に従わせようとする王道は、脳が求めているこれらの本能に合致したものといえます。

それでは、どうして人間はときに覇道の道を選ぶのでしょうか。それは、生きるために必要な脳組織由来の自己保存の本能が必要になったときです。

この二つの本能のギャップが生まれることによって、人は、誰もが平和を願いながらも戦争をやめないのです。

そこで、「違いを認めて共に生きたい」という考えを生み出す本能をどのように駆使してそのギャップを埋めるかが、次代を担うリーダーに求められるのです。

このことがいかに大切か、その必要性とその具体的な方法について、さらに歴史上の名リーダーから学んでいくことにしましょう。

この複雑化した二十一世紀の社会では、王道をゆくソフト・パワー型のリーダーが主役になります。これに対して、力で押し切るハード・パワー型リーダーは、もはや時代遅れと言えます。

しかし、たとえどんなに優れたリーダーであっても、すべての場面で王道を歩めるほど、世の中は単純にできてはいません。ときには強制的に、お金の力や権力を使ってでも自分の意志を通すことが必要になるのです。

たとえば、リーダーのある提案に、部下が全員反対することがあったとします。それでもリーダーは、自分の提案が絶対に正しいと確信できるなら、みなの反対を押し切ってその提案を通さなければなりません。その場合、リーダーのふるまいは覇道であり、行使する力は明らかにハード・パワーとなりますが、それでもやらなければならないときはあるのです。

王道と覇道を提唱した孟子も、そのことは重々承知していました。彼は王道を理想とし、覇道の政治を賤《いや》しいものとみなしました（尊王賤覇）が、さりとて覇道を全否定してはいませんでした。「ときには覇道でいかなければ、収まりがつかないこともある」と、賢者たる孟子はよく理解していたのです。

また、ソフト・パワーという概念の提唱者であるジョセフ・ナイ博士も、「ソフト・パワーだけですべてがうまくいく」などという甘い考えはしていませんでした。クリントン政権の国防次官補も務めるなど、国際政治の生々しい現実を知っているナイ博士は、ときにはハード・パワーも必要だということを理解しているのです。

つまり、ソフト・パワーとハード・パワーを適宜使い分けることが必要だというのがナイ博士の考えであり、その考えに基づいて、二つの力を組み合わせた力を「スマート・パワー」と名付けました。

真に優れたリーダーは、ソフト・パワー一辺倒にもハード・パワー一辺倒にもならず、臨機応変にその二つを使い分ける「スマート・パワー」のリーダーだというのです。

もっと正確に言えば、王道（ソフト・パワー）のほうが脳の仕組みにも時代の趨勢《すうせい》にもマッチしているのですから、基本になるのは王道でなければいけません。しかしその上で、必要に応じて覇道（ハード・パワー）も使いこなせる人こそが理想的なリーダーということができます。

そして、歴史上の名高い名リーダーたちは、例外なくそのような「スマート・パワー」のリーダーだったのです。

それでは、具体的に三つ目のスマート・パワーをどのように駆使したのでしょうか。それには、五つの方法があります。

一つ目は、覇道を主体とするハード・パワーのやり方の中にも、思いやりを大切にすること。

二つ目は、共通の敵を作って組織を一つにまとめ、ハード・パワーをさらに駆使してゆく方法。

三つ目は、脳の神経細胞由来の「仲間になりたい」という本能を駆使して、敵をも自分の仲間にすることで、みなをまとめていくソフト・パワーを駆使するやり方。

四つ目は、自己保存の本能を過剰に働かすと人が不幸になるという本能の弱点を克服すること。

五つ目は、ものごとを成し遂げる自己報酬神経群の機能を徹底的に高め、人々に夢を与え、組織や国の力を高める方法。
以上の五つのやり方があります。次項からは、その具体例を見ていきましょう。

古い指導者は人間力で勝負した

一つ目の方法をとったのが、英雄の中の英雄・アレクサンダー大王です。彼は、征服した国の民からさえ深く敬愛されたといいます。大王は血も涙もない暴君ではなく、部下や民衆への深い思いやりを持った人格者であったからです。ペルシャ遠征に際し、兵たちが妻子への気づかいを断って出発できるようにとの配慮から、大王がほぼすべての王室財産を臣下に分け与えたエピソードは有名です。

大王は現代の考え方からすれば侵略者であったわけですから、基本的には覇道（ハード・パワー）のリーダーと言えるでしょう。しかし、けっしてハード・パワー一辺倒ではなく、人々に愛されるソフト・パワーを豊かに持っていたのです。

同様のことは、ナポレオンや、動乱期の中国で項羽に打ち勝って天下をとった劉邦にもあてはまります。

項羽が劉邦に敗れた原因の一つとして、民心を味方につけたのが劉邦のほうだったことが挙げられます。劉邦が秦の首都・咸陽《かんよう》を占領した際、彼は財宝などに手をつけず、要らざる破壊もしませんでした。いっぽう項羽は、咸陽を攻めた際に街中を破壊しつくしたのでした。他国を侵略するに際しても、名リーダーはつねに民衆への配慮を欠かさず行っていたのです。

共通の敵を作る方法で組織をまとめた指導者は人を不幸にした

二つ目の方法として、リーダーが組織を一致団結させるいちばん手っ取り早い方法は、「敵」を作り出し、「その敵を叩きつぶすことこそが我が組織の目的だ」と煽《あお》ることでしょう。また、そのために周囲の人々を敵と味方にきっちり色分けすることも有効です。敵が見えなかったときにはうまくまとまらなかった組織が、敵を見出したことで、自己保存の本能によってたちまち団結します。

たとえば、小泉純一郎氏は、総理大臣時代にそのモデルケースを作りました。彼は郵政民営化を目標に掲げ、すべての国会議員を「郵政民営化に賛成か、反対か?」で色分けしました。そして、民営化に反対の政治家に「抵抗勢力」「守旧派」というレッテルを貼り、民営化反対それ自体が悪いことであるかのような印象を植え付けたのです。

その結果、自民党という自分が所属していた政党の中でさえ半分は「敵」になりましたが、「味方」の結束は異様なまでに高まりました。そして、「郵政民営化、是か非か」だけが問われた解散総選挙で地滑り的大勝利を遂げたのです。それはまさに、「敵を作ることによる団結」の見本のような闘いでした。

しかし、「周囲を敵・味方に色分けし、敵を作ることによって団結をはかる」やり方は、脳の仕組みに反しています。脳の細胞が求める基本的な本能「仲間になりたい」「共生したい」に抵触するのです。つまり、人間が本来あるべき姿とはかけ離れたやり方であり、だからこそそうしたやり方はけっして幸せな結果をもたらしません。

ヒトラーは第二次大戦中、ユダヤ人をドイツ人共通の敵に仕立て上げ、そのことによってドイツ国民を結束させました。そうやってヒトラーが行った蛮行が、二十一世紀のいまなお世界に深い傷痕を残していることは、いうまでもありません。

敵を作り、人々を分断させることによって団結をはかるやり方は、手っ取り早く効果的ではありますが、リーダーたる者は避けなければならない、いわば「禁じ手」なのです。だからこそ、名リーダーの誉れ高い人々は、むしろその逆をいきます。つまり、それまで敵・味方に分かれていがみ合っていた人々の間に架け橋を築き、人と人を結合させる方向に進めるのです。

敵を作るやり方が手っ取り早いのとは対照的に、三つ目の方法である敵をも味方にするやり方でよき指導者の役割を成し遂げる方法は非常に多くの困難を伴います。しかし、それは人々の幸福に大きく寄与することができるやり方なのです。

その例として、かのネルソン・マンデラが南アフリカ共和国大統領となったときに成し遂げたことが挙げられます。次項でくわしく述べましょう。

敵をも味方に変えたマンデラとオバマ

ネルソン・マンデラは、「現代の巌窟王」とも呼ばれました。南アフリカのアパルトヘイト（人種隔離政策）に抗して闘ったマンデラは、一九六二年に反逆罪で逮捕されて以来、二七年半、じつに一万日もの長い年月を牢獄で過ごしたからです。

小説の「巌窟王」（正しくは『モンテ・クリスト伯』）は復讐の物語ですが、牢獄から出たマンデラが復讐に走ることはありませんでした。

マンデラが大統領に選ばれたとき、彼さえその気になれば、黒人たちを虐《しいた》げ、自らを二七年間も牢獄に追いやった白人たちに報復することもできたのです。そうして黒人たちだけで内閣を組んだほうが、同国の黒人たちの共感は得やすかったことでしょう。しかしマンデラはそうせず、かつては敵だった白人たちと手を携えて国を動かしていく道を選んだのです。

マンデラのそうした選択に、強く反発する黒人もたくさんいました。マンデラはそうした人々を粘り強く説得し、黒人と白人の間にあった深い溝を埋めていくことに力を注ぎました。

その溝をなくすための突破口として、マンデラはスポーツの力に目をつけました。ラグビー・ワールドカップで南アフリカ・チーム「スプリングボクス」を優勝させ、そのことを黒人と白人の融和の契機としようと考えたのです。

クリント・イーストウッドが監督した『インビクタス～負けざる者たち』(二〇〇九年)は、マンデラに鼓舞された南ア・チームが一九九五年のラグビー・ワールドカップで奇跡の優勝を果たすまでを描いた、実話に基づく映画です。この映画自体が物語の形式をとった優れたリーダー論にもなっているので、一度は見ておきたい映画です。

アパルトヘイト時代、ラグビーは白人たちのスポーツであり、黒人たちの関心は薄かったといいます。しかしマンデラは、自らが率先してスプリングボクスを応援することで、国中を熱狂の渦に巻き込んでいきました。そして、同チームが優勝を果たしたとき、南アの白人と黒人は融和への大きな一歩を踏み出したのです。

マンデラは、次のような言葉を述べています。

「スポーツには、世界を変える力があります。人びとを鼓舞し、団結させる力があります。人種の壁を取り除くことにかけては、政府もかないません」

もちろん、スポーツの力、文化の力が大きな役割を果たしたのはたしかです。しかし、ワールドカップを通して（完全な融和ではないにしても）南アが一つにまとまったのは、マンデラという類《たぐい》まれなリーダーがいたからです。マンデラは、敵を打ち倒すのではなく敵をも味方に変えてしまう、現代社会に求められる「スマート・パワーのリーダー」なのです。

そしてこのことは、脳が生まれながらにして持っている神経細胞由来の「仲間になりたい」という本能を満たすものなので、マンデラのようなやり方こそ、誰もが納得できる正しいやり方なのです。

「敵をも味方に」という点では、バラク・オバマ米大統領もその手本を見せてくれました。オバマは一期目の組閣に際して、自らが所属する民主党のみならず、ブッシュ政権のゲイツ国防長官を留任させるなど、共和党からも閣僚を立てました。

当時の共和党は総選挙で惨敗し、上院、下院とも民主党が多数派でした。しかも、前のブッシュ政権がイラク戦争などの失敗を重ねたため、共和党は完全に国民の支持を失っていました。熱狂的支持を集めて大統領になったオバマは、その気になれば共和党を完全に無視して組閣することもできたのです。しかし、オバマはそうせず、共和党と手を携えて政権を運営する道を選んだのでした。

また、民主党大統領候補の座を争ったヒラリー・クリントンを国務長官に指名するなど、大統領選で対抗馬となったライバルをじつに三人も政権に引き入れました。

そのようにして生まれたオバマ政権は、「チーム・オブ・ライバルズ（ライバルのチーム）」と呼ばれました。

「チーム・オブ・ライバルズ」とは、かつてリンカーンが第十六代大統領に就任した際、予備選のライバルだった四人をそっくり主要閣僚（国務、財務、司法、陸軍長官）に起用したことから生まれた言葉です。リンカーンは南北戦争という未曾有の国難を乗り切るため、あえて政敵たちと手を携えて政権を組み、ともに難局を乗り越える道を選んだのでした。

かねてよりリンカーンを尊敬しているというオバマ大統領は、このことに倣《なら》って「二十一世紀のチーム・オブ・ライバルズ」を作ろうとしたのでした。そこには、「イラク戦争の終結や経済危機克服といった難題に立ち向かうためには、立場を超えてみなが一丸とならなければならない」という思いがあったのでしょう。そうした姿勢は、マンデラが敵だった白人たちと手を携えて政権を組んだことと相似形です。

自分と立場の近い人間だけを集めて政権を組んだほうが、閣内対立のリスクも減り、何かとやりやすかったはずです。オバマが自分の権力維持だけを考えていたなら、そうしたでしょう。しかし、オバマはそうしませんでした。

彼は、脳組織由来の自己保存の本能ゆえに「自分の立場を守りたい」という過剰反応を起こしやすい人間の弱点を乗り越え、私心を捨て、「国のため」を優先したのでした。

また、オバマ政権組閣に際し、オバマの呼びかけに応じて国務長官になったヒラリー・クリントンも、同様の意味ですごいリーダーだと言えます。私情を乗り越え、「国のため」ということを考えて素直に受諾したヒラリーも、「自己保存本能」の呪縛《じゅばく》を乗り越えられた優れたリーダーなのです。

自己保存本能を乗り越えたゴルバチョフ

私は、ミハイル・ゴルバチョフ（ソ連初代大統領）も、四つ目の方法である脳組織由来の自己保存の本能を克服してすばらしいリーダーの力を発揮した現代を代表する指導者の一人だと評価しています。

彼は私が勤務する日本大学の名誉博士号も受けており、来日時に日大で講演をしたこともあります。私もその講演を聴き、いまなお世界平和のために精力的な活動をつづけるその姿に深い感銘を受けました。

なぜゴルバチョフが現代の代表的名リーダーだと言えるのか？　大きなポイントは二つあります。

第一に、彼が米ソ関係を劇的に改善させ、東西冷戦の終結に大きな役割を果たしたことです。

ゴルバチョフは、「ソ連を崩壊させた男」として、現在のロシアでは人気がないのだそうです。ゴルバチョフはソ連を崩壊させようとしたわけではなく、結果的に最初で最後のソ連大統領となったのですが、それはともかく、ゴルバチョフの存在が歴史を大きく動かしたのはたしかです。裏返せば、一九八〇年代にゴルバチョフがソ連書記長にならなかったら、いまだに覇道を主体とするハード・パワーの古いソ連が存在し、東西冷戦はまだつづいていたかもしれないのです。

私たちの脳が持つ本能の一つが「共生」志向である以上、分断されていた人々を結びつける行動は、基本的に善であり正しいことといえます。そして、二十世紀の人類が経験した最大の分断こそ、東西冷戦でした。その最大の分断に幕を下ろすにあたって、ゴルバチョフは決定的な役割を果たしたのです。その一点だけ見ても、ゴルバチョフが成し遂げたことは脳の仕組みにかなっていたと思います。

しかもゴルバチョフは、東西対立が膠着《こうちゃく》状態に陥っていた時代にあって、「まずソ連が先に変わる」という姿勢を見せ、そのことによって米ソを隔てていた氷の壁を溶かしたのです。その決断力と率先垂範の姿勢も、リーダーとしての卓越した資質を感じさせます。

私がゴルバチョフを歴史的名リーダーと見なすもう一つの大きなポイントは、彼も「自己保存の本能が持つ過剰反応という弱点」を乗り越えたリーダーである、という点です。

大きな組織のリーダーになればなるほど、心の中で起きる自己保存本能との闘いは、激しいものになります。巨大組織であればあるほど与えられる権力も強大になるので、「この権力を手放したくない。なんとか自分だけのものにしたい」という欲望が湧き上がってくるのです。

凡庸《ぼんよう》なリーダーはその自己保存本能に負け、組織の発展や部下の幸福より、自分の利益を優先してしまいます。しかし名リーダーは、自己保存本能に打ち勝ち、与えられた権力を組織のため、ひいては世のため人のために使うことができるのです。

ゴルバチョフがソ連書記長に就任したとき、彼の手に握られた権力は、当時の世界でも一、二を争うほど強大なものでした。だからこそ、自己保存本能との闘いは熾烈《しれつ》を極めたことでしょう。

ゴルバチョフはその気になれば、ソ連の最高権力者としての力を自分のために使うこともできました。「これまでどおりのソ連」をただつづけてさえいれば、彼の人生は安泰だったのです。波風を立てず、無難に書記長をつとめ上げれば、豪奢《ごうしゃ》で安楽な生活が死ぬまで保障されたことでしょう。じっさい、前の代までの書記長は、みなそうしてきたのでした。

しかし、ゴルバチョフはそうしませんでした。彼は自分のことではなくソ連の民衆のことを、ひいては人類全体のことを考え、東西冷戦の終結とソ連内部の改革に大きく踏み出したのです。言いかえれば、人類の未来のために自己保存本能を捨て去ったのです。これは、並の人間にできることではありません。

皮肉なことに、ゴルバチョフがソ連の民衆に与えた「言論の自由」によって、彼はソ連の民衆から矢のような批判を浴びるようになります。しかしそのことは、今なお熱い心で世界平和を訴えつづけている彼の講演を聴いた私には、覚悟の上だったと思わずにはおれません。

人類のために自己保存本能を捨て去り、最大の分断であった東西冷戦を終わらせ、人々を結びつけた……このことにおいて、私はゴルバチョフを歴史に残る名リーダーと評価するのです。

ジョン・F・ケネディの脳はどうなっていたか

第三十五代アメリカ合衆国大統領ジョン・F・ケネディは、人間が、ものごとを成し遂げるのに最も必要な自己報酬神経群の機能を名演説で刺激し、国と国民を守る実行力を駆使し、アメリカを繁栄に導いた偉大な大統領です。

優れたリーダーシップと勇気あふれる行動と発言によって当時のアメリカ国民の心をとらえただけではなく、二十一世紀のいまなお学ぶべきものが多く、世界中の人々を魅了している名リーダーです。

それでは、彼はこのような才能をどのように身に付け、それをどのようにして発揮できたのでしょうか？　次に「ケネディの脳はどうなっていたか」というテーマを掲げて、その答えを脳科学の視点から明らかにしたいと思います。

そのためにまず、彼が歩んできたバックグラウンドを見てみることにしましょう。

ケネディがすばらしい脳の才能を身につけるに至ったターニングポイントとして、大統領就任以前に彼が世に問うた二冊の著書が挙げられます。いずれもベストセラーとなった二つの著書を執筆しまとめあげる過程で、彼の言葉を操る能力は上昇し、人に感動を与えるスピーチの才能に磨きがかかりました。また、その間に彼自身も大きな人間的成長を遂げていったのです。

ケネディが最初に世間から注目を集めたのは、ハーバード大学の卒業論文をベースにした最初の著書『英国はなぜ眠ったか』（一九四〇）によってです。第二次世界大戦が勃発し、英国が宣戦布告したとき、ケネディはまさにロンドンにいました。その経験を盛り込んで「ミュンヘン会談」（イギリス、フランス、イタリア、ドイツの首脳が参加した一九三八年の国際会議）

を分析したもので、実力者であった父ジョセフのサポートもあってベストセラーになりました。

まだ大学在学中に書かれたものでありながら、この最初の著書には、のちに政治家として花開く能力の萌芽《ほうが》が見られます。それは人の心を動かす言葉の力であり、ものごとを解決するための実行力とそのスピードを大切にする姿勢です。

その姿勢は、一九六三年九月二十日の国連総会で行った名演説の、次のような一節にも表れています。

It is never too early to try; it is never too late to talk; and it is high time that many disputes on the agenda on this Assembly were taken off the debating schedule and placed on the negotiating table.

「試みるのに早すぎるということはありませんし、また話し合うのに遅すぎるということもありません。今や本総会の議題とされている多くの紛争を、もはや討論の段階ではなく、実際の交渉の場に移すべきときなのです」

この名演説は世界中の人々に感動を与え、世界平和に大きく貢献したのです。

人間は誰しも自己保存の本能を持っていますから、「いいこと」とはわかっていてもすぐに実行しない人はいつの時代にもたくさんいます。

人はしばしば、「今日は非常にいい話を聞いた」とか、「大変ためになる本を読んで感動した」と口にします。しかし、その話や本で得た感動を実際に行動に移す人はまれです。「いい話を聞いた」で終わってしまうのです。

対照的にケネディは、「もはや討論の段階ではなく、実際の交渉の場に移すべきときなのです」という名演説の一節が象徴するように、「いいことはすぐに実行する」という姿勢を持ち、しかも豊かな実行力を持っていました。

私自身は、「いいことはすぐに実行する」ことの大切さを、救急専門医としての経験の中で痛感してきました。救急の現場では、「いいことはすぐに実行」しなければ、その夜のうちに患者の命が失われてしまうからです。したがって、医師にとっては「いいことをすぐに実行しない」ことは罪悪ですらあります。そうした経験をふまえ、私はケネディの「いいことはすぐに実行する」という姿勢に、大いに共感するのです。

それでは、ケネディの人並み外れた実行力はどのようにして彼の脳内に育《はぐく》まれたのでしょうか。じつはそれは、一人の日本人の言葉が契機となっていたのです。

ジョン・F・ケネディは、上杉鷹山《ようざん》を尊敬していました。そのことは、彼の回顧録にも明記されています。

江戸時代中期の米沢藩主であった上杉鷹山公と言えば、米沢の方なら郷土の偉人としてよくご存じでしょうが、一般的知名度はあまり高くないかもしれません。しかし、鷹山の名言である「なせばなる、なさねばならぬ、なにごとも。ならぬは人のなさぬなりけり」は、誰しも聞いたことがあるはずです。

この言葉は、「やろうと思えば何でもできる。できないのはやろうと思わないからです」という意味です。

脳科学的見地から見るなら、人間の達成能力を決める自己報酬神経群の仕組みに合致した、自我やモチベーションを高める言葉と言えます。つまり、人間の本能レベルから実行力を高める言葉なのです。

この言葉に象徴される上杉鷹山の政治哲学、人生哲学を学び、血肉化していたことが、ケネディが並外れた実行力を持つ一つの契機となっていたのです。つまり、素早い対応と実行力という、リーダーにとっては非常に大切なことを日本人から学び、それを実際の政治に活かしていたのです。

それにしても、日本人でさえ知らない人が少なくない上杉鷹山を尊敬しているというほど、ケネディが日本のことを勉強していたとは驚きです。このことは、彼が大変な勉強家でもあったことを如実に示していると言えるでしょう。

彼がすばらしいリーダーに成長していったもう一つのきっかけは、太平洋戦争中に魚雷艇の艦長として日本軍と戦ったときの脊髄の負傷が悪化し、上院議員時代に数ヵ月に及ぶ入院を余儀なくされたことでした。

ケネディは、政治生命も絶たれかねない危機的状況下で、入院中に『勇気ある人々』(一九四六)という本を書き上げました。それは、アメリカの八人の政治家たちを描いた伝記でした。取り上げられた八人は、信念をつらぬく勇気を持っていたがゆえに選挙に負けた人物ばかり。病床にあったケネディは、彼らの姿を通じて、〝どんな困難を前にしても、政治家は勇気を持って信念をつらぬかねばならない〟と、自らの不屈の闘志を示したのでした。逆境の真っ只中でこの本を書き上げたこと自体が、ケネディを大きく成長させたと言えるでしょう。

社会環境が不安定になると、人々はとかく自分の立場を重視するようになり、総論賛成でも各論では反対するようになります。そのような状況にはまって全員が一致できない場合でも、政治家は、正しいと思ったことは信念を持ってみなに訴え、それを実行する力を持たなければならない――ケネディは、『勇気ある人々』に取り上げた八人の政治家の軌跡をたどるうちに、そのような信念を抱くようになっていったのでしょう。そのことが、大統領就任以後の勇気ある行動の土台になったのです。

『勇気ある人々』は出版されるや大ベストセラーとなり、伝記部門のピュリッツアー賞も受賞しました。それは、ケネディが再度、優れたリーダーとしての道を駆け上る契機にもなったのです。

ケネディの並外れた実行力を、脳科学的視点から読み解く

これまで述べてきた、人間の気持ちや心の仕組みという脳科学の視点から「優れたリーダーの条件」をまとめてみると、以下の三点に集約できます。

①　先見の明と実行力を持っている
②　人間の脳が求めている、「違いを認めて共に生きる」考えで他国（あるいは他社など）との協調をはかり、人々に安全と幸せをもたらすことができる
③　国民（社員など）と同期発火し、人間の才能を遺憾《いかん》なく発揮できるシステムを構築し、組織を発展させる

この三つの条件をケネディにあてはめてみましょう。
むろん、人間のすることである以上、ケネディが行った政治もすべてが満点だというこ

とはできません。しかし少なくとも、①②の条件を十分に満たしている政治家であることには、誰しも異存はないでしょう。

私が最も驚かされたのは、③の条件をケネディほど高いレベルで満たしている政治家はほかに見当たらない、ということです。ケネディは、脳の仕組みを熟知していたのではないかと思えるほど、脳の仕組みにかなったやり方で人々を導いた政治家なのです。

ケネディが米国民と同期発火するための最大の武器としたのは、演説でした。彼が大統領時代に行った演説の数々には、聞く者の脳細胞を同期発火させるすばらしい言葉がちりばめられています。それが最も顕著に表れているのは、世に名高い、一九六一年一月の就任演説です。そこには、次のような一節がありました。

〝And so, my fellow Americans: ask not what your country can do for you —ask what you can do for your country.

「諸君のために国が何をしてくれるかを問うのではなく、諸君が国のために何ができるかを問いなさい」

ここでケネディは、いま、日本人が学ばなければならない非常に大切なポイントを二つ示しています。

一つ目は、国を代表する大統領は国民である「あなた」によって育てられ、力が発揮できるという考えを述べていることです。つまり、大統領は国民が育てるという考えであり、あら探しをしながらコロコロと首相を変える日本の現状を振り返った時、我々国民のレベルが問われているような気がします。

二つ目は、「米国民」という抽象的な言葉ではなく、あえて「you」という言葉を使って、誰が、この国をすばらしい国にするか、それは、あなたですよと、主語を明確にしている点です。

人間の脳は、「自分がやってやる」という自己報酬神経群の機能を高めないと十分機能しにくいのです。この二つのポイントは、見事に、人間がものごとを達成するためのメカニズムに合致しているため、アメリカの人々のこころに強く残り、その後のアメリカの大躍進に大きく貢献したと考えられます。

ケネディの講演を聴いた多くの方が、感動を覚えたと記されています。その理由をさぐるには、人間の本能を刺激する内容的なすばらしさのみならず、相手の脳に入る、話し方の方法論に注目する必要があります。

けっして「上から目線」ではなく、あくまでも国民を尊敬しながら、ケネディは自分の考えに国民が同調できるように間合いをはかり、語りかけたのです。それはいまはやりの、自分の主張をむき出しにする絶叫型の演説ではなく、人間の脳に「自分でやってやる」という気持ちを引き起こす演説です。

人間の達成能力は、「自分がやってやる」という気持ち、それを支えるモチベーション、そして大きな夢や使命を持っていることの三条件が重なることによって、最も強く発揮されます。しかも、人間の判断は「統一・一貫性の本能」によって決まるので、正しいと思ったことは何度もくり返し語ることによって、「そうしなければいけないのだ！」という信念が生まれるのです。

ケネディの演説は、これらの条件をすべて満たしています。だからこそ、彼の演説を生で聴いた者は感動さえ覚えたのです。

そのように人々を同期発火させる能力と同時に、ケネディが政権スタッフとともに作り上げた情報システムも目を瞠《みは》ります。ケネディは「ベスト・アンド・ブライテスト」（最良の、最も聡明な人々）と呼ばれたすばらしい政権スタッフを揃えていましたが、彼らと話し合い、意志決定する過程も、脳の仕組みに見事にかなったものだったのです。

さまざまな回顧録やケネディ政権の内幕を扱ったノンフィクションに描かれたその過程は、脳が持っている「間違いのない新しい思考を生み出すためのワールプールの思考回路（際限なくくり返し考えることができる神経回路）」に、酷似しています。

選ばれたエリートたちが集まって、国のために実直な討議を何度もくり返し、ものごとを決定する……その仕組みを通じて、ケネディと「ベスト・アンド・ブライテスト」たちは、その時代に必要な政策が的確に素早く行える方法を編み出したのです。

その仕組みは、人間の脳がものごとを達成するために持っている自己報酬神経群の機能を高める方法と驚くほど似ています。しかも、人間の脳が持っている仕組みなので、誰もが違和感を感じることなく取り組めるのです。

事実、ケネディ政権時代を境として、アメリカは世界最強の国に変わっていきました。ケネディは不幸にして凶弾に倒れましたが、アメリカはその後も一致団結し、実行力を持った強い国へと発展し、国は大きく栄え、黄金期を迎えたのです。

＊

ケネディが、いかに脳の仕組みにかなった政治を行ってきたか？　そのことはいまこそ深く検証されるべきでしょう。現在の我々がそこから学ぶべきことも、たくさんあるはずです。

ケネディの残したすばらしいリーダーの英知は、必ずしも受け継がれてきたわけではありません。その理由は、人間が持つ本能の仕組みから起こる落とし穴にあるのですが、本書ではそれを回避する具体的方法を記し、さらに、脳の仕組みに合致するリーダー論を紹介してきました。むろん、その原理は、組織のタイプや大小にかかわらず通用するものです。

本書が紹介してきた知恵を人生にどう生かしていくかは、読者諸賢の工夫しだいです。みなさんが自分流の方法でリーダーとしての素質を磨き、脳が求めている「立場や意見の違いを認めて共に生きる」成熟した組織作りに活かされることを願っています。

最後までお付き合いいただいた読者のみなさんに、厚く御礼を申し上げます。

本書が、ビジネス界やスポーツ界、教育界、政界など、分野を問わず、すばらしいリーダーの育成にわずかなりとも寄与できるなら、著者としては望外の喜びです。

索引

林 成之（はやし・なりゆき）

脳神経外科医。1939年、富山県生まれ。日本大学大学院医学研究科博士課程修了。

日本大学医学部附属板橋病院救命救急センター部長などを経て、現在、日本大学大学院総合科学研究科教授。著書に『「勝負脳」の鍛え方』『脳に悪い7つの習慣』など多数。

名リーダーは「脳」で勝つ

2012年2月28日／初版第1刷発行

著　者　林《はやし》 成之《なりゆき》
発行者　大島光明
発行所　株式会社　第三文明社
東京都新宿区新宿1-23-5
郵便番号　160-0022
電話番号　03（5269）7145（営業代表）
03（5269）7154（編集代表）
URL　http://www.daisanbunmei.co.jp
振替口座　00150-3-117823
印刷所／製本所　藤原印刷株式会社

©HAYASHI Nariyuki　2012　Printed in Japan
ISBN978-4-476-03312-0

落丁・乱丁本はお取り換えいたします。ご面倒ですが、小社営業部宛までお送りください。

送料は当方で負担いたします。

法律で認められた場合を除き、本書の無断複写・複製・転載を禁じます。